Gerald Jampolsky & Diane Cirincione

Was uns das Leben lehrt

J^{Gerald}ampolsky
&
C^{Diane}irincione

 Was uns das
eben lehrt

Inspirierende Lebensgeschichten,
die unser Innerstes berühren

Aus dem Englischen von Andreas Zantop

//////////////////////// SILBERSCHNUR ////////////////////////

Hinweis

Die Autoren dieses Buches erteilen keinen ärztlichen Rat in irgendeiner Form, sie befürworten auch keine bestimmte Technik zur Behandlung irgendwelcher körperlicher oder medizinischer Probleme ohne Konsultation eines Arztes. Die Absicht der Autoren ist es lediglich, den Lesern allgemeine Informationen zur Verfügung zu stellen, um ihnen bei ihrer Suche nach emotionalem und spirituellem Wohlbefinden behilflich zu sein. Für etwaige körperliche oder geistige Unannehmlichkeiten, die durch Verwendung der in diesem Buch enthaltenen Informationen auftreten könnten, können weder die Autoren noch der Verlag haftbar gemacht werden.

FSC
www.fsc.org

MIX
Aus verantwortungs-
vollen Quellen
FSC® C014138

Copyright © 2008 by Gerald G. Jampolsky and Diane V. Cirincione
Titel der Originalausgabe: *Finding Our Way Home. Inspirational Stories That Ignite Our Spiritual Core*

Copyright © 2010 der deutschten Ausgabe: Verlag »Die Silberschnur« GmbH

ISBN: 978-3-89845-318-9

1. Auflage 2011

Übersetzung: Andreas Zantop
Gestaltung & Satz: XPresentation, Güllesheim
Druck: Finidr, s.r.o. Cesky Tesin

Verlag »Die Silberschnur« GmbH · Steinstraße 1 · D-56593 Güllesheim
www.silberschnur.de · E-Mail: info@silberschnur.de

Widmung

*Das Leben hat uns mit wunderbaren
Freunden auf der ganzen Welt gesegnet,
die uns und das Werk, zu dem wir uns
aufgerufen fühlen, lieben. Dazu zählen
auch zwei Paare, nämlich Ted und Vada Stanley
sowie Larry und Joyce Stupski, und wir
widmen ihnen dieses Buch mit Liebe und
Dankbarkeit und von Herz zu Herz.*

*Das Schreiben dieser Seiten wurde besonders
von Vada und Larry angeregt, die uns
schon mehrmals vorgeschlagen hatten,
ein Buch zu verfassen, das ausschließlich
aus Geschichten über Menschen und
Geschehnisse besteht, die uns geholfen haben,
unser Leben zu formen. Zu unserer
großen Freude hat uns dies selbst weitergeholfen,
unseren Weg nach Hause zu finden.*

Inhalt

Vorwort

Wegweiser zum Frieden

Nur wenige Autoren beherrschen die Kunst, spirituelle Geschichten zu schreiben – Geschichten, die mit rückhaltloser Ehrlichkeit erzählt werden sollten, ein wirklich hilfreiches Konzept aufzeigen und eine Veränderung auf der Herzebene anregen sollten. Viele veröffentlichte Geschichten wirken etwas moralisierend und ein bisschen zu leicht dahingesagt, so dass man ihre Glaubwürdigkeit und Authentizität infrage stellt. Als Folge davon rufen sie eher Widerstand als Akzeptanz hervor, und so kann es dann leider passieren, dass der Leser eigentlich hervorragende spirituelle Ratschläge verwirft.

In *Was uns das Leben lehrt* haben nicht nur einige, sondern ausnahmslos alle Geschichten einen spirituellen Inhalt. In der Romanliteratur wäre dies nichts Ungewöhnliches, doch hier wird eine Fülle von beeindruckenden Erfahrungen und Einsichten aus dem wirklichen Leben präsentiert, wie sie bisher nicht existierte. Dazu kommt, dass die Erzählungen von Jerry und Diane weder allzu glatt noch oberflächlich sind und auch keine moralischen Appelle enthalten. Vielmehr greifen die beiden auf die alte hawaiianische Tradition des "Geschichtenerzählens" zurück und präsentieren ihre Erzählungen auf freundliche und vertraute Weise – so als ob zwei gute Freunde beschlossen hätten, ihre meistgeschätzten Erfahrungen mit anderen zu teilen –, und wir fühlen uns von dieser Geste tief berührt.

11

Jede Geschichte enthält eine klare geistige Botschaft oder Orientierungshilfe. Zusammen sind sie gewissermaßen ein Kurs in Weisheit, und die Wirkung dieser Geschichten auf uns Leser wird mit fortschreitender Lektüre stärker und tiefer. Egal, um welches Thema es geht – Alkoholismus, Lernen zu lachen, Selbsthass, Heilen des Körpers oder unsere Ansichten zu Leben und Tod –, durch alle Geschichten zieht sich ein einfühlsames Mantra spiritueller Schlüsselkonzepte: *Anderen zu vergeben bedeutet, uns selbst zu vergeben; Lieben heißt, das Göttliche zu kennen; unsere Einstellungen und Sichtweisen zu verändern bedeutet, die Welt zu verändern; den Geist zu beruhigen führt zu innerem Frieden, und Freude zu verbreiten bedeutet, ein wiedergeborenes Kind Gottes zu sein.*

Dieses Buch ist so unterhaltsam wie konkret und lehrreich. Welche Methode wäre besser geeignet, uns die Augen zu öffnen, als diese: tiefsinnige Weisheiten auf kurzweilige und unterhaltsame Art präsentiert! Bei der Lektüre dieser Geschichten ließ ich jede mit Wohlbehagen auf mich einwirken, während ich zu nächtlicher Stunde im weichen Gras lag und die Sternbilder über mir am Himmel bewunderte, eines nach dem anderen. Unweigerlich fühlte ich mich sanft in den sternenübersäten Himmel emporgehoben. Wenn Sie *Was uns das Leben lehrt* mit der Achtsamkeit und Offenheit lesen, die dieses Buch verdient, werden Sie ein Gefühl des Einsseins mit dem Himmel spüren, der uns alle umgibt.

Hugh Prather
Bestsellerautor von *Notes to Myself*

Zum Geleit

Wir haben das große Glück und Privileg, die Hälfte des Jahres auf Hawaii verbringen zu können. Zu den vielen wundervollen Dingen, die wir von den Bewohnern dieser zauberhaften Insel mit ihrer kulturellen Vielfalt gelernt haben, gehört auch das *talking story*, das "Geschichtenerzählen". Die Hawaiianer erinnern uns immer wieder daran, dass das Leben aus mehr besteht als Hast, Hetze, Terminen und Geschäften. Die Inselbewohner nehmen sich im täglichen Leben viel Zeit, sich gegenseitig Geschichten zu erzählen. Zwei oder mehr Menschen treffen sich zum Beispiel auf dem Markt, am Strand, bei Freunden oder wo auch immer sie gerade Zeit für ihre Erzählungen haben. Auf den Inseln haben selbst Nicht-hawaiianer die alte Tradition des "Geschichtenerzählens" erlernt, wenn sie sich zusammenfinden.

Das Erzählen von Geschichten ist eine Art und Weise, wie Herzen miteinander kommunizieren. Durch sie teilt man seine eigenen Lebenserfahrungen mit anderen, und sie dienen als Mittel, sich mit anderen zusammenzutun und zu verbinden. Diese Herzverbindungen sind nicht nur eine wirkungsvolle Methode, sich gegenseitig kennen zu lernen; sie können auch auf subtile Weise tiefgreifende Lernerfahrungen ermöglichen. Wir glauben, dass wirkliche Heilung erfolgen kann, wenn wir unsere von Herzen kommenden Geschichten miteinander teilen und aus ihnen lernen.

Diese Seiten enthalten einige Geschichten, die wir auf unserer spirituellen Reise erlebt haben. Ein Großteil davon sind unsere persönlichen Erfahrungen, andere handeln von Menschen, die unser Leben auf tiefgreifende Weise beeinflusst haben. Sie sind eine Chronik - der Abgründe, in die wir gefallen sind, der Gipfel, die wir erklommen haben, und der Umwege, die wir auf unserer Reise gemacht haben. Wir schreiten nicht immer geradlinig voran ...

In diesen Geschichten erwähnen wir oft Orte, die wir zu jener Zeit als "Zuhause" bezeichnet haben, während wir durch all die Jahre voranschritten. Unsere Leben befinden sich weiterhin "in Arbeit", während wir gleichzeitig unser Bestes geben, uns daran zu erinnern, dass unser wahres Zuhause spiritueller Natur ist - das Zuhause der Liebe, das wir eigentlich nie verlassen haben und das immer in uns wohnt.

Unser Wunsch ist, dass diese Geschichten Sie dazu inspirieren werden, Ihre eigenen von Herzen kommenden Geschichten mit anderen zu teilen - in der Hoffnung, dass wir dadurch alle mehr Licht in eine oft dunkle Welt bringen.

Einführung

Heutzutage sind viele von uns in einem angstvollen Glaubenssystem gefangen, das uns suggeriert, dass wir in einer gefährlichen Welt leben, dass es dort draußen Feinde gibt, die bestraft werden müssen, und dass es auf unserem Lebensweg unabdingbar ist, uns und unsere Familie an die erste Stelle zu setzen. Als Folge davon machen wir uns Sorgen um die Zukunft, versuchen, so viele Besitztümer wie möglich zu erlangen und an ihnen festzuhalten, und geben uns dem Glauben hin, dass es etwas außerhalb von uns geben muss, das uns irgendwann die erwünschte Sicherheit und immerwährendes Glück beschert. Es ist ein Glaubenssystem,

- das Kriege als unvermeidlich betrachtet und davon ausgeht, dass dauerhafter Frieden unmöglich sei;

- das andere Menschen nicht als gleichwertig ansieht;

- das der Ansicht ist, es sei einfach nur "Pech", dass so viele Menschen Hunger leiden und in Armut leben, und dass wir eigentlich nichts dagegen tun können;

- in dem Menschen angesichts der hohen Rate von Morden, Selbstmorden, Scheidungen und Missbräuchen körperlicher, geistiger und psychischer Art nur mit den Schultern zucken;

- in dem wir glauben, dass unser Festhalten an Groll und anderen unversöhnlichen Gedanken uns das geben wird, was wir wirklich wollen.

Doch heute stellen immer mehr Menschen fest – selbst wenn sie finanziell und beruflich erfolgreich sind –, dass Geld und materielle Errungenschaften ihnen nicht zu dem Glück verholfen haben, von dem sie dachten, es würde sich durch das "Streben nach Erfolg" in dieser Welt von selbst einstellen. Und sie spüren immer noch dieselbe Angst: Egal, wie viele materielle Besitztümer sie anhäufen – die Welt ist für sie immer noch ein äußerst gefährlicher und furchterregender Ort.

Viele von uns fangen dann irgendwann an, ihre Ziele im Leben infrage zu stellen und spüren, dass es noch etwas Größeres geben muss als das, was wir täglich erleben. Früher oder später fragen wir uns: Was ist der Sinn meines Lebens? Bin ich auf dem richtigen Weg, oder trotte ich wie so viele andere in dieselbe unglückliche Richtung? Welches Ziel versuche ich zu erreichen, und was möchte ich dort finden?

Warum fühlen sich so viele von uns verloren, allein, besorgt, ängstlich und verwirrt? Könnte es sein, dass wir irgendwie vom Weg abgekommen und den Wegweisern unseres Egos gefolgt sind – und somit das Bewusstsein über unsere eigene Spiritualität verleugnet haben?

Es ist unsere Überzeugung, dass jeder von uns sich auf einer spirituellen Reise befindet, selbst wenn es uns nicht bewusst ist und wir andere Ziele verfolgen. Wir fühlen uns dann unglücklich und zerrissen, denn wir haben unterwegs vergessen, was wir in unserem innersten Wesenskern eigentlich sind: Liebe.

Nach unserer Auffassung ist der Lebensweg eines jeden Menschen eine spirituelle Reise, die uns zu einem Bewusstsein führt, das aus reiner, bedingungsloser, immerwährender Liebe besteht. Wir finden unseren Weg zurück zu unserer Quelle, dem Zuhause der Liebe, von dem wir beide mittlerweile glauben, dass wir es eigentlich nie verlassen hatten.

Auch wenn uns unser Wunsch, einen spirituellen Lebensweg zu beschreiten, klar und bewusst ist, sehen wir uns doch jeden Tag

Herausforderungen und Umständen gegenüber, die bestimmte Aspekte unseres Seins dazu veranlassen, uns oder andere zu bewerten und zu beurteilen. Was sich nun verändert hat, ist, dass wir schneller erkennen, wenn wir vom Weg abgekommen sind, und dass wir jederzeit die freie Wahl haben, auf den Weg der bedingungslosen Liebe zurückzukehren. Sobald wir uns wieder daran erinnern, dass der Sinn unseres Lebens darin besteht, uns in den Dienst der Liebe zu stellen, anderen zu helfen und durch Praktizieren von Vergebung sowohl unseren Groll als auch unsere Urteile über andere loszulassen, wird der weitere Weg einfacher, die Richtung klarer und das Ziel – innerer Frieden – erreichbar.

Dies ist kein Buch über Religion oder Theologie, sondern eine Sammlung von Geschichten, die die tagtägliche Anwendung universeller spiritueller Prinzipien veranschaulichen – etwas, das wir gern als "praktische Spiritualität" bezeichnen. Wenn Sie mit dem Wort "Gott" aus irgendeinem Grund Probleme haben, können Sie gern Ihren eigenen Begriff an seine Stelle setzen: unendliche Intelligenz, universelles Prinzip, göttliche Quelle, höhere Macht oder natürliche Verbindung – oder denken Sie einfach an ein Bewusstsein, das aus reiner, bedingungsloser, immerwährender Liebe besteht.

Jerry: Ich wuchs in Long Beach, Kalifornien, auf. Als Kind lebte ich mit der ständigen Angst vor dem Zorn Gottes, und im Alter von sechzehn Jahren hatte ich mich völlig von der Idee einer höheren Macht losgesagt, als ein guter Freund von mir bei einem Autounfall ums Leben kam. Ich konnte einfach nicht glauben, dass es einen Gott gäbe, der dies zuließ. Ich stürzte mich daraufhin zunächst in die Arbeit und dann in den Alkohol. Jahrzehntelang war ich, was man einen "militanten Atheisten" nennen könnte – bis ich im Alter von fünfzig Jahren eine Art "spirituelles Erwachen" erfuhr: Ich erkannte das Einssein der

Menschheit und eine universelle Präsenz, die überall in der Welt vorhanden ist.

Da ich in meinem Elternhaus mit so vielen Ungewissheiten und Ängsten aufgewachsen war, fragte ich mich oft, wie es wohl wäre, in einem Umfeld zu leben, in dem es weder Schmerz noch Kampf gäbe – wo ich mich sicher fühlen könnte.

Wenn ich auf meine erste Lebenshälfte als Forscher, Professor und Psychiater für Kinder und Erwachsene zurückblicke, kann ich sehen, wie ich zahlreiche Umwege eingeschlagen habe, die mich von Gott und einem spirituellen Leben weggeführt haben. Doch diese Umwege haben mich schließlich dorthin geführt, wo ich heute bin.

Diane: Ich wuchs in der New Yorker Bronx und auf Long Island auf. Ich liebte meine Familie und fühlte mich von ihr geliebt. Mein Vater hatte jedoch ein launisches und sprunghaftes Temperament, und oft endeten Konflikte in häuslicher Gewalt. Ich fühlte mich oft verängstigt und irgendwie unsicher, war bestrebt, die Friedensstifterin in der Familie zu sein, hatte damit aber keinen Erfolg. Auch ich fragte mich häufiger, wie es wohl wäre, in einem Umfeld zu leben, in dem es nur Liebe und Frieden gäbe und wo niemand auch nur im Traum daran dächte, einer anderen Person Schmerz zuzufügen.

Mit fortschreitendem Alter wurde ich dann zum Workaholic – was mich natürlich davon ablenkte, meinen Weg nach Hause zu finden. Meine Arbeit diente als Fluchtmechanismus, der mich zu beschäftigt hielt, als dass ich mich den ungelösten Konflikten aus meiner Kindheit stellen konnte. Ein Beispiel: Es gab eine Zeit in meinem Leben, in der ich drei Unternehmen gleichzeitig leitete, und viele Jahre lang hatten ich und mein Partner einen 12- bis 14-Stunden-Arbeitstag, sieben Tage die Woche. Es war abzusehen, dass die ungelösten Konflikte aus meiner Kindheit nicht dadurch verschwinden würden, dass ich sie unter einem Berg Arbeit begrub.

Stattdessen traten sie in meinen Beziehungen immer wieder an die Oberfläche, und ich brauchte Jahre, um sie zu erkennen und mich schließlich durch sie hindurchzuarbeiten. Nach Abschluss meines Magisters und meiner Promotion in klinischer Psychologie mit Schwerpunkt auf häuslicher Gewalt verstand ich diese speziellen Dynamiken in einer Familie viel besser, auch wenn ich die Arbeit an meinem persönlichen Wachstum letztendlich selbst leisten musste.

Im Gegensatz zu Jerry wuchs ich in einem Umfeld auf, wo ich mich Gott nahe fühlte, mich aber immer wieder durch meine Ängste von diesem Bewusstsein abspaltete.

Wir sind beide der Überzeugung, dass – auch wenn wir sehr unterschiedliche Lebenswege hatten – wir doch beide auf der Suche nach dem friedvollen Ort in unserem Innern waren, an dem es durch das Praktizieren von Vergebung letztendlich nur Liebe gibt. Zunächst erschien uns dies wie ein Fantasiegebilde aus unserer Kindheit. Dieses Buch beschreibt einen Teil unserer gemeinsamen Reise und unsere Lernprozesse, die wir auf der Suche nach diesem friedlichen Zuhause durchlaufen haben. Dabei haben wir beide festgestellt, dass dieses Zuhause nicht etwas Äußerliches ist, sondern vielmehr in jedem von uns zu finden ist.

Wir lernten uns 1981 kennen, und zweieinhalb Jahre später begannen wir auf Wunsch vieler Menschen, rund um die Welt zu reisen, um Vorträge und Workshops zu den vielfältigen Anwendungsmöglichkeiten des sogenannten *Attitudinal Healing* abzuhalten. Bei diesem Verfahren geht es um die Erkenntnis, dass es nicht andere Menschen, äußere Umstände oder Geschehnisse aus unserer persönlichen Vergangenheit sind, die in uns Ärger und Groll auslösen, sondern vielmehr unsere *Gedanken, Einstellungen* und *Urteile* zu diesen Menschen, Umständen oder Geschehnissen. Wir können die Vergangenheit nicht mehr ändern, doch durch Anwendung der Prinzipien des *Attitudinal Healing* können wir unseren Geist und unser Herz in der Gegenwart heilen, uns aus der Opferrolle lösen, unsere Wahlmöglichkeiten im Leben vervielfachen und uns für Frieden statt Konflikt und Liebe statt Angst entscheiden.

Im Jahre 1990 heirateten wir. Uns beiden war von Beginn an klar, dass unser Zusammentreffen kein Zufall war ... Nein, wir waren spirituelle Partner und Lehrer füreinander. Indem wir Seelenfrieden zu unserem einzigen Ziel machen, versuchen wir, unser Bestes zu geben und "beiseitezutreten", um uns von Gott auf unserem Weg leiten zu lassen, während wir bei allem, was wir denken, sagen und tun, nach Harmonie und Integrität streben. Dies gelingt uns nicht immer, doch wir schreiten auf unserer Reise weiter in diese Richtung voran.

Auf unserem Lebensweg haben wir Menschen aller Altersstufen sowie aus den unterschiedlichsten Kulturen und Gesellschaftsschichten kennen gelernt; einige von ihnen werden in diesem Buch erwähnt. Sie waren unsere Lehrer des Lebens, der Liebe und der Vergebung heraus. Jeder dieser Menschen hat unsere Herzen auf seine einzigartige Weise berührt und uns dadurch geholfen, unseren Weg nach Hause zu finden. Wir sind dankbar dafür, unsere und ihre Geschichten nun mit Ihnen teilen zu können, und wir hoffen, dass Sie dies inspirieren wird, Ihre eigenen Lebensgeschichten als Wegweiser aufzufassen, da sie Ihnen ebenfalls einen Weg nach Hause aufzeigen wollten und wollen.

Jerry Jampolsky und Diane Cirincione

Wie wir uns kennenlernten

— Jerry —

Meine Beziehung zu Diane begann schon viele Monate, bevor wir uns das erste Mal persönlich trafen. Zu jener Zeit hatte sie ihre Stellung in einer Firma gekündigt und war fast ausschließlich damit beschäftigt, bei der Leitung von drei Unternehmen behilflich zu sein. Gewöhnlich arbeitete sie zwölf bis vierzehn Stunden in ihrem Büro – das sich, wie mein eigenes, in Tiburon, Kalifornien, befand.

Zwei Jahre vor unserem ersten Zusammentreffen machte Diane eine zutiefst spirituelle Erfahrung, als sie durch die helle Morgensonne für einige Zeit geblendet war, worauf sie begann, ihre Gedankengänge zu Papier zu bringen. Im Februar 1981 erhielt Diane eine komplexe innere Botschaft: Sie sollte "der Person, die mit Kindern arbeitete, die im Sterben lagen, etwas geben". Intuitiv wusste sie, dass dieses "Etwas" ihre Notizen und Aufzeichnungen waren. Da sie zum Thema "Tod" bis dahin nur einen Text verfasst hatte, beschloss sie, dass sie dem Mann, der kürzlich ein neuartiges Zentrum für die Arbeit mit unheilbar kranken Kindern eröffnet hatte, diesen Text zukommen lassen wollte. Sie dachte, dass dies vielleicht hilfreich sein könnte.

Früh am darauffolgenden Sonntagmorgen fand Diane meine Adresse im Telefonbuch, steckte ihr Essay mit einer kurzen Begleitnotiz in einen Briefumschlag und warf ihn in meinen Briefkasten. Sie hatte weder eine innere Weisung erhalten, der Notiz ihren Namen hinzuzufügen, noch hatte sie den Brief unterschrieben.

Etwa zwei Stunden später erhielt sie einen Anruf von einem alten Freund, der sie zum *Continuum Event* in San Francisco einladen wollte – eine Reihe von Vorträgen zu den Themen Sterben, Tod und Leben nach dem Tod. Ihr Freund plante dort auch ein Treffen mit Dr. Kenneth Pelletier, dessen Werke Diane gelesen hatte und bewunderte – und so nahm sie die Einladung an.

Obwohl ich meinen Briefkasten am Samstagnachmittag geleert hatte, spürte ich am Sonntagmorgen in mir einen seltsamen Drang, noch einmal hineinzuschauen. Zu meiner großen Überraschung fand ich einen unfrankierten Brief, den jemand persönlich eingeworfen haben musste. Diese Person hatte es vorgezogen, ihn nicht zu unterschreiben, was darauf schließen ließ, dass sie keine Antwort darauf erwartete – etwas, was mir sehr seltsam erschien.

Das Essay war ein wundervolles Werk und berührte mich tief, und da er sich mit Sterben und Tod befasste, steckte ich ihn in meine Manteltasche und machte mich auf den Weg nach San Francisco, wo ich zu genau diesem Thema einen Vortrag halten sollte. Ich war ungefähr zur Hälfte durch meinen Vortrag durch, als ich beschloss, den Anwesenden den Brief laut vorzulesen, was sehr positiv aufgenommen wurde. Ich wusste nicht, dass die Autorin im Publikum saß. Und Diane ihrerseits hatte nicht gewusst, dass ich bei dieser Veranstaltung als einer der Vortragsredner eingeplant war, und da sie für sich keine innere Weisung erhielt, sich mir vorzustellen, tat sie es nicht und fuhr nach meinem Vortrag wieder nach Hause.

Viele Monate später erzählte sie mir, dass sie sich – als sie an dem Tag im Publikum saß – gefragt hatte: "Was soll das bedeuten, dass ich hier heute in diesem Saal sitze, und dieser Mann liest dem Publikum meine Worte vor?" Die eindeutige Antwort, die sie darauf erhielt, war, dass ihre Werke nicht nur für sie selbst, sondern auch für andere von Bedeutung waren und einen Wert hatten.

Fast sechs Monate vergingen, bevor Diane eine weitere innere Botschaft empfing, nämlich mir *alle* von ihr verfassten Essays zukommen zu lassen. Sie schenkte dieser Weisung jedoch keine Beachtung ... Dann, am 20. August 1981, fuhr sie morgens um 6.30 Uhr zu ihrer Arbeitsstelle, als ihr Auto plötzlich streikte – mitten auf der *Main Street* und genau vor dem Eingang des *Center for Attitudinal Healing*. Diane spürte den starken Wunsch, keinen weiteren Versuch zu unternehmen, den Wagen noch einmal anzulassen; stattdessen beschloss sie, ihre innere Stimme nicht länger zu ignorieren und auszusteigen. Zunächst war sie sich unsicher, wohin sie gehen sollte; dann beschloss sie, zum Hafen hinunterzugehen, und fand sich kurz darauf vor einer blau gestrichenen Tür mit einem Regenbogen darauf. Sie klopfte an. Später sagte sie mir, dass sie sich in jenem Moment innerlich hin- und hergerissen gefühlt hat: Ihr Kopf beurteilte ihre Handlungen als "vollkommen verrückt", doch vom Bauch her "wusste" sie, dass es richtig war, was sie tat.

Als ich die Tür öffnete, durchzuckte es uns beide. Monate später erzählte mir Diane, dass sie in dem Moment, als ich die Tür öffnete, ein sehr helles Licht wahrnahm, das die Luft mit einem goldenen Dunst füllte. Gleichzeitig rückten alle Geräusche für sie weit in den Hintergrund, und sie konnte mich kaum hören, als ich fragte, was sie wolle.

Eine innere Stimme lenkte ihre Worte, als sie antwortete: "Ich habe hier diese Aufzeichnungen, die ich mit Ihnen teilen soll."

Zu jenem Zeitpunkt war ich gerade mitten im Gespräch mit einer Person in meinem Büro. Ich bat Diane deshalb, in einer Stunde noch einmal wiederzukommen, wenn ich Zeit für eine Pause hätte. Als sie wiederkam, verbrachten wir insgesamt etwa zwanzig Minuten Zeit, und mein Herzschlag setzte in dieser Zeit einige Male aus ... Es war 7.45 Uhr an jenem Morgen, und Diane, die auf dem Weg zu ihrem Büro war, um einige Aufräumarbeiten zu erledigen, war etwas schmuddelig gekleidet und hatte ihre Haare zu einem Pferdeschwanz zusammengebunden. Doch irgendwie strahlte sie eine faszinierende Balance zwischen äußerer und innerer Schönheit aus, die alles übertraf, was ich in dieser Hinsicht bisher erlebt hatte. Diese Erfahrung hatte auf irgendeine Weise etwas Atemberaubendes - eine verblüffende Empfindung von uralter Vertrautheit, ein Gefühl, als ob wir uns zu einer anderen Zeit und an einem anderen Ort schon einmal getroffen hatten. Es war, als kämen zwei Seelen zusammen, die sich schon viele Male zuvor kennen gelernt hatten. Und es schien, als ob das ganze Büro durch die Energien zwischen uns erhellt wurde.

Dies war eine schwierige und chaotische Zeit in meinem Leben. Die Stimme meines Egos meldete sich unaufhörlich; ihm war sehr wohl bewusst, dass der Zaun, den ich sorgfältig um mein Herz gezogen hatte, für einen kurzen Moment ein Loch aufwies. Mein Ego wollte nicht nur dieses Loch reparieren, sondern den Zaun sogar noch höher ziehen - und es griff sogar auf "spirituelle Argumente" zurück, um mich in Gefangenschaft zu halten.

Mein Selbstgespräch lief ungefähr folgendermaßen ab: "Du bist endlich auf einem spirituellen Weg. Das Letzte, was du jetzt brauchst, ist eine neue 'besondere Beziehung' zu einer schönen Frau, die über zwanzig Jahre jünger ist als du. Hör auf mit deinen Fantasien. Wenn sich dies zu einer romantischen Beziehung entwickelt, führt es dich weg von deinem Ziel. Bau also nicht noch mehr Hindernisse auf."

Als ich dagegen Einwände erhob, unterbrach mich mein Ego: "Wie oft muss ich es dir denn noch sagen: Egal, was passiert - deine Beziehungen zu Frauen werden immer in einem Fehlschlag enden. Beziehungen mit allzu viel Nähe sind immer danebengegangen, und sie werden es auch weiterhin tun. Am Ende erleidest du doch wieder nur Verletzungen - und *sie* wirst du auch verletzen. Sie kam zu dir, um dich um Hilfe bei ihren Aufzeichnungen zu bitten, nicht um eine persönliche Beziehung mit dir zu beginnen.

Vergiss deine Einsamkeit – das ist dein Schicksal. Sei objektiv und hilfsbereit, aber bitte verabrede dich nicht weiter mit ihr." Doch eine andere kleine Stimme in mir sagte, dass Diane tatsächlich ein Geschenk sei und in mein Leben getreten war, um mir beizubringen, dass der Weg heim zu Gott darin bestünde, einer engen persönlichen Beziehung zu gestatten, sich zu einer heiligen Beziehung zu entwickeln. All diese Stimmen in mir gaben mir das Gefühl, schon fast meinen gesunden Menschenverstand zu verlieren. Doch ich verabredete mich noch einmal mit Diane, und bei unserem nächsten Zusammentreffen versuchte ich, objektiv zu sein und eine gewisse emotionale Distanz zu wahren – doch innerlich war ich vor Angst fast wie versteinert. Ich wollte unbedingt das Richtige tun und nicht wieder Schmerzen und Kummer erleiden. Wir trafen uns von da an weiter in meinem Büro.

Einige Monate später raffte ich schließlich all meinen Mut zusammen und lud Diane zu einem Mittagessen ein. Damals ahnte ich noch nicht, was für eine einflussreiche Lehrerin sie in den darauffolgenden Jahren für mich werden würde, und die erste Lektion begann genau an jenem Tag. Als ich wie selbstverständlich nach der Restaurantrechnung griff, um sie zu begleichen, fragte sie mich mit ruhiger Stimme, was ich da täte. Ich antwortete ihr, dass ich unser Essen bezahlen wolle. Sie fragte mich, warum ich auch *ihr* Essen zu bezahlen beabsichtige. Ich antwortete ihr, dass ich eigentlich immer für Restaurantrechnungen aufgekommen wäre und annahm, es auch dieses Mal zu tun. Sie schlug daraufhin vor, dass unsere Freundschaft viel tiefer gehen und eine viel größere Erfolgschance haben würde, wenn sie ihren Anteil an der Rechnung bezahlte und ich meine Annahmen auf sich beruhen ließe – und wir von dort aus weitermachten.

In den darauffolgenden fünfundzwanzig Jahren haben wir uns immer wieder gegenseitig geholfen, all unsere Annahmen und Betrachtungen gründlich anzuschauen und zu hinterfragen, und als Folge davon haben wir enorme Wachstumsschritte gemacht. Diane ist immer noch meine hochgeschätzte Lehrerin, meine beste Freundin, meine Gattin und mein spiritueller Partner.

Da unsere Egos mit unseren früheren Fehlern beschäftigt sind, raten sie uns, nie irgendwelche Risiken einzugehen und auf gar keinen Fall unseren Herzen zu vertrauen. Doch eine unvorhergesehene Begegnung mit einem anderen Menschen kann sich als regelrecht umwälzend für das Leben herausstellen und sogar dazu führen, dass wir unseren spirituellen Seelengefährten finden. Im Zweifel müssen wir auf unsere Herzen hören.

Ein Kurswechsel

— Diane —

Zwei Jahre, nachdem Jerry und ich uns das erste Mal getroffen hatten, gab ich ihm - wenn auch etwas widerstrebend - die Erlaubnis, einige meiner Aufzeichnungen, die er gern als Meditationen benutzte, mit seiner Zuhörerschaft bei Vorträgen und in Workshops zu teilen. Ich tat dies jedoch nur unter der Voraussetzung, dass er dabei meinen Namen nicht erwähnen würde. Ich hatte absolut kein Interesse daran, dass meine privaten Selbstreflexionen an die Öffentlichkeit getragen wurden, und ich habe auch schon immer eine starke Abneigung gespürt, selbst im öffentlichen Leben zu stehen.

Wann immer Jerry sanft vorschlug, dass ich bei einem Gespräch oder Vortrag etwas aus meinem eigenen Leben beitragen sollte, lehnte ich dies jedes Mal strikt ab. Ich dachte damals, er täte dies nicht, weil er tatsächlich meinen Beitrag wünschte, sondern einfach nur, um mich in seiner Nähe zu halten. Ich konnte mir nicht vorstellen, dass ich einer Öffentlichkeit überhaupt irgendetwas von Nutzen oder Wert mitzuteilen hätte.

Jerry hatte einen Vortragstermin in Santa Rosa, Kalifornien, etwa eine Autostunde in nördlicher Richtung von San Francisco entfernt. Er war vollkommen gesund - mit einer Ausnahme: Am Tag vor seinem Vortrag wachte er im wahrsten Sinne des Wortes sprachlos auf. Seine Stimme war weg; nicht einmal ein Flüstern brachte er zustande. Kehlkopfentzündung. Da sich bereits mehr als fünfhundert Menschen für seinen Vortrag angemeldet hatten, kamen die Mitarbeiter des *Center for Attitudinal Healing* überein, mit ihm auf die Bühne zu gehen und an jenem Abend seine "Stimme" zu sein.

Jerry bat mich, ihn zur Veranstaltung zu fahren, was ich dann auch tat. Unterwegs hielten wir an, um etwas zu essen. Während unserer Mahlzeit versuchte Jerry, mich etwas zu fragen, indem er die Worte lautlos mit seinen Lippen formte. Ich verstand, was er wollte: Da er dem Publikum nicht wie gewöhnlich zu Beginn und am Ende seines Vortrags meine Meditationen vorlesen konnte, bat er mich, in Betracht zu ziehen, ob ich das nicht für ihn tun könnte.

"Auf gar keinen Fall!", brach es aus mir heraus – so laut, dass das Paar am Nebentisch sich umdrehte und mich anstarrte. Ich aß weiter, war aber innerlich sehr aufgewühlt.

Ein paar Sekunden vergingen, und Jerry berührte meinen Arm, um meine Aufmerksamkeit zu bekommen: Ich sollte noch einmal seine Lippen lesen. Immer noch leicht verärgert, schaute ich ihn an. Lautlos formte er die Worte: "Ich habe gehört, was du gesagt hast. Ich frage mich nur, ob du über meinen Wunsch gebetet und auf deine innere Stimme gehört hast, bevor du mir die Antwort gabst." Wir hatten nämlich über die Jahre gelernt, immer um innere Führung zu beten, bevor wir irgendeine Entscheidung trafen.

"Nein, habe ich nicht", antwortete ich.

Er fragte mich, ob ich dazu hier und jetzt bereit wäre, bevor ich mich endgültig entschied. Mehr oder weniger widerwillig erklärte ich mich einverstanden.

Als ich in mich ging und meine innere Stimme fragte, ob ich tun solle, worum er mich bat, erhielt ich als Antwort ein eindeutiges "Ja". Erst zögerte ich, doch dann ließ ich ihn die Antwort wissen – fügte aber sofort hinzu: "Wenn ich je dahinterkomme, dass du diese Kehlkopfentzündung nur vortäuschst, um mich dazu zu bekommen, dies zu tun, dann bringe ich dich um!"

Er lachte unhörbar, und seine Augen funkelten wie so oft.

Wir fuhren weiter zum Veranstaltungsort. Als ich dann das erste Mal mit Jerry auf der Bühne stand und meine Aufzeichnungen und Meditationen vorlas, erlebte ich einen vollständigen Bewusstseinswandel. Ich konnte sehen, wie vom Publikum ein Licht ausging, dessen sanfte Farben wie durch einen Dunstschleier gefiltert wurden – es war, als könnte ich die Energien der Zuhörer "lesen". Ich spürte eine starke innere Verbindung zur Quelle und zur göttlichen Mutter – etwas, das ich noch nie zuvor so intensiv erlebt hatte. Ich fühlte mich mehr "zu Hause" als je zuvor in meinen (damals) sechsunddreißig Jahren.

Jerry und ich wussten beide, was geschehen war, ohne darüber weitere Worte verlieren zu müssen: Es war eine göttliche Fügung gewesen, die mich aufgefordert hatte, den Kurs meines Lebenswegs zu ändern, mich in Richtung auf das Licht zuzubewegen und meinen Weg nach Hause zu finden.

Was für ein Geschenk, diese Reise gemeinsam unternehmen zu können!

Es ist einfach, der Stimme des Egos zu folgen und ein Leben "auf Autopilot" zu führen. Das Ego befindet sich in ständiger Angst – vor allem, wenn es darum geht, Entscheidungen zu treffen. Wenn wir unseren Geist beruhigen und auf unser Herz hören, um Antworten zu erhalten, dann sind diese Antworten immer geprägt von Liebe und Verbundenheit. Der innere Frieden, den wir spüren, gibt uns die Gewissheit, auf dem richtigen Weg zu sein.

Die Golden Gate Bridge

— Jerry —

Mein ganzes Leben lang war ich immer wieder erstaunt über die Fähigkeit des Menschen, sich von gravierenden Problemen zu erholen und im Leben fortzuschreiten. Es scheint fast, als ob wir ein spezielles "Elastikgen" haben, das es uns gestattet, selbst aus schwierigsten Situationen gestärkt hervorzugehen. Wenn ich mich niedergeschlagen fühle, erinnere ich mich an Menschen, die als meine Lehrer diese Fähigkeit an den Tag gelegt haben. Als Therapeut war ich in der privilegierten Position, einige dieser Menschen näher kennen zu lernen. Wenn ich mich an ihre Ausdauer und Standhaftigkeit erinnere, hilft mir dies immer wieder, meine eigene innere Stärke und Courage zurückzugewinnen.

Bevor ich begann, mich mit *Attitudinal Healing* zu befassen, hatte ich einmal mit einer fünfunddreißigjährigen Klientin zu tun. Sie war Single, neigte zu starken Depressionen und lebte mit der ständigen Angst, dass sie eines Tages Selbstmord begehen würde, indem sie von der Golden Gate Bridge springt. Ich hatte sie etwa sechs Monate in Behandlung, und in dieser Zeit machte sie erstaunliche Fortschritte. Nach Abschluss ihrer Therapie hatten sich unsere Wege dann aber nicht mehr gekreuzt.

Etwa zwanzig Jahre später fuhren Diane und ich vor Tagesanbruch von Marin County zum Flughafen von San Francisco. Als ich der Dame in der Mautstelle der Golden Gate Bridge die Autobahngebühr zahlte, sah sie mich an, setzte ein breites Lächeln auf und sagte: "Dr. Jampolsky, erinnern Sie sich an mich? Ich war Ihre Klientin, die ständig Angst davor hatte, Selbstmord zu begehen, indem sie von der Golden Gate Bridge springt. Und nun schauen Sie, was aus mir geworden ist!"

Da zu jener Zeit sehr starker Verkehr herrschte, musste ich rasch weiterfahren, und so tauschten wir nur kurz einige Worte aus. Doch über die nächsten Jahre hatten wir das Glück, uns immer wieder an der Mautstelle zu treffen, was uns daran erinnerte, wie wichtig wir füreinander gewesen waren.

Innere Heilung kennt keine Grenzen.
Wir können uns immer dazu entschließen,
genau den Berg zu besteigen, der uns zuvor
noch in Angst versetzt hat. Jeder von uns verfügt
über die Kraft, jede Art von Widrigkeit oder
Hindernis zu überwinden, egal, wie lange
es schon existiert oder anhält.

Mohnkörner

— Diane —

Jerry ist ein großer Fan von Mohn-Bagels - je mehr Mohn, desto besser. Beim Verspeisen seines Lieblingsgebäcks hinterlässt er oft eine Spur aus Mohnkörnern, die von der Küche bis in sein Arbeitszimmer reicht. Ich weiß, dass er versucht, sie aufzulesen, wenn er sie am Boden sieht, doch Jerrys "Standard" - was die Gründlichkeit beim Entfernen seiner Spur betrifft - unterscheidet sich deutlich von meinem ...

So finde ich mich oft mit einem nassen Handtuch auf unserem weiß gefliesten Küchenfußboden, um die von Jerry hinterlassenen Mohnkörner aufzuwischen. Meistens macht mir dies nichts aus, und ich verschwende auch kaum einen weiteren Gedanken daran und verliere keine Worte darüber.

Eines Tages - ich war bereits ziemlich schlecht gelaunt - kam ich die Treppe herunter und betrat die Küche. Ich schaute auf den Fußboden und sah überall Mohnkörner verstreut. Nun ging meine Laune richtig in den Keller.

Nachdem ich das Handtuch ergriffen und es etwas energischer als sonst angefeuchtet hatte, begann ich mich zu bücken, um die Körner aufzuwischen. Ich erinnere mich noch genau, woran ich zu jenem Zeitpunkt dachte: "Nur einmal, ein einziges Mal möchte ich in die Küche kommen und keine Mohnkörner auf dem Fußboden finden!"

Mein nächster Gedanke war: "Was wäre, wenn ich von jetzt an nie mehr Mohnkörner auf dem Küchenfußboden fände?" Die

Antwort darauf traf mich wie ein Schlag: Es würde bedeuten, dass es Jerry nicht mehr gäbe!

Tränen stiegen mir in die Augen, als ich mich wieder aufrichtete. Ich betrachtete die Mohnkörner am Boden – und auf einmal sahen sie so gut aus, wie sie dalagen! Ich drehte mich um, rannte in Jerrys Arbeitszimmer, warf meine Arme um ihn und küsste ihn, während ich Freudentränen weinte.

Wenn ich heute die Küche betrete, fühle ich in mir einen tiefen Frieden – egal, wie viele Mohnkörner ich vom Boden aufzuwischen habe. Im Gegenteil: Wann immer ich sie jetzt auf dem Küchenfußboden sehe, erfüllen sie mich mit Liebe und Dankbarkeit. Und an manchen Tagen lasse ich sie bewusst liegen, drehe mich lächelnd um und gehe hinaus ...

Zwei Menschen, die zusammenkommen, werden feststellen, dass sie bestimmte Dinge auf unterschiedliche Weise tun, jeder auf seine. Und wenn wir jemanden lieben, stehen wir diesen Unterschieden tolerant und aufgeschlossen gegenüber. Doch ist es nicht erstaunlich, wie unsere Egos aus einer Mücke einen Elefanten machen, wenn wir verärgert oder aufgebracht sind? Für uns ist es immer wieder faszinierend, wie ein scheinbar belangloses Geschehnis ein altes Verhaltensmuster und die Art und Weise, wie wir uns in unserer Welt verhalten, von Grund auf umwandeln kann.

Altes Unrecht ungeschehen gemacht

— Diane —

Ich wuchs mit einer älteren Schwester und einem älteren Bruder auf, Kathryn und Andrew. Als ich etwa zehn war, zogen wir aus der Bronx nach Lake Ronkonkoma, einer Kleinstadt auf Long Island. Jeden Tag liefen wir mit *Duchess*, unserem treuen Hund, einen Block die Straße hinunter zu unserer Schule, der *St. Joseph's Grammar School*.

Kathryn war klug, arbeitete sehr hart und war in der Schule sehr gut. Andrew war genauso klug und arbeitete ebenso hart, tat sich in der Schule aber sehr schwer. Es hatte Jahrzehnte gedauert, bis wir feststellten, dass mein Bruder unter einer Form von Legasthenie litt, die zur Folge hatte, dass er jedes Wort auf einer Seite als "in der Luft schwebend" empfand. Um die Worte "zur Ruhe kommen zu lassen", um einen Text überhaupt lesen zu können, musste er seine Augen bis zur Erschöpfung anstrengen. Heute fällt ihm das Lesen leicht, doch als er jung war, war dies eine traumatische Erfahrung, denn damals war niemand ausgebildet in der Diagnose oder Behandlung von Legasthenie.

Die meisten katholischen Nonnen, die uns unterrichteten, waren hingebungsvolle Lehrerinnen mit durchaus guten Absichten. Nur: In jedem Schulhalbjahr saßen die Schüler mit dem besten Notendurchschnitt ganz vorn in der Klasse, und so saßen Andrew und einige Mitschüler immer in einer der hintersten Reihen im Klassenraum. Diese strikte Rangordnung war den meisten von uns peinlich – vor allem den Jungen und Mädchen, die mit persönlichen Herausforderungen zu kämpfen hatten, von denen die anderen gar nichts wussten.

Die Nonnen gingen mit den Schülern in den hintersten Reihen oft besonders hart und streng um. Dies traf vor allem auf Schwester Evidia zu, die die sechste Klasse unterrichtete und es somit mit Jungen im Alter von elf bis dreizehn Jahren zu tun hatte, von denen einige schon zwei Kopf größer waren als sie. Ich erinnere mich an sie als eine extrem schwergewichtige Frau mittleren Alters mit dicker Hornbrille. Einige ihrer Schüler waren aufgrund ihrer bis dahin nicht diagnostizierten Legasthenie schon ein- oder zweimal sitzengeblieben, und im Allgemeinen wurde diesen Schülern eine "unzureichende Motivation" unterstellt. (Nicht wie die meisten anderen Schüler sehen, lesen oder verstehen zu können, wird sich garantiert "dämpfend" auf die Lernmotivation von jedem auswirken! Die schmerzhaften und ungerechtfertigten psychischen und gesellschaftlichen Wunden dieser Schüler können sich zudem ein Leben lang auswirken.)

Jahre vergingen, und jeder von uns zog aus unserer Kleinstadt in die entlegensten Winkel des Landes. Jeder von uns ging seinen Weg, war im Leben, in der Liebe sowie in Familie und Beruf gleichermaßen erfolgreich. Vier Jahrzehnte vergingen, bevor der Gerechtigkeit Genüge getan wurde und die frühere ungerechte Behandlung in der Schule - hinter der eigentlich wohlwollende Absichten standen - zur Sprache kam.

Jerry und ich lieben unser Zuhause in Nordkalifornien - und das auf Hawaii, doch wir besuchen immer wieder gern das wunderschöne Zuhause von meinem Bruder Andrew und seiner Frau Karen in East Quogue an der Great South Bay auf Long Island. Bei einem unserer Besuche vor einigen Jahren fragte mich Andrew, ob ich Lust hätte, mit ihm noch einmal durch die alte Nachbarschaft zu fahren. Ich antwortete: "Ja, gern" - war aber überrascht, dass er sie noch einmal aufsuchen wollte. Denn für

Andrew war doch genau diese Nachbarschaft etwas, das er eigentlich eher meiden als suchen sollte ...

Wir stiegen in sein Auto und fuhren zu *The Lake*, wie wir unseren alten Wohnort nennen, eine Fahrt von ungefähr einer Stunde. Es hatte sich in dem kleinen Ort so viel verändert, dass ich etwas desorientiert war. Wir fuhren an unserem alten Zuhause vorbei, und Andrew schlug vor, dass wir auch unserer alten Schule einen Block weiter noch einmal einen Besuch abstatten sollten. Erneut drückte ich meine Verwunderung aus, dass er dorthin zurückkehren wollte, da die Schule für ihn doch mit so vielen schmerzhaften Erinnerungen verbunden war. Doch er schien entschlossen, sich die Schule noch einmal anzusehen, und so fuhren wir zu ihr hinüber und bogen in die Einfahrt ein.

Wir betraten den Schulhof, und sofort stiegen alte Erinnerungen an die Schulzeit in mir auf. Und dann machte Andrew einen weiteren Vorschlag, der mich nicht nur überraschte, sondern mir einen regelrechten Schock versetzte: "Lass uns zum Kloster hinübergehen, wo die Nonnen wohnen, und schauen, wer da ist."

Ich antwortete: "Andrew, ich bin sicher, dass die Nonnen, die wir noch aus unserer Schulzeit kennen, schon längst entweder anderswo hinversetzt wurden, sich im Ruhestand befinden oder verstorben sind. Es ist fast fünfzig Jahre her, dass wir hier ein- und ausgingen; von den Anwesenden kennt uns sicher niemand mehr."

Er bestand aber darauf, das Kloster unbedingt aufzusuchen - etwas, das sehr ungewöhnlich für ihn ist. Doch ich wusste, dass er schon immer eine sehr gut entwickelte Intuition hatte, und so folgte ich ihm. Zusammen liefen wir hinüber zu dem kleinen zweistöckigen Haus mitten auf dem Spielplatz.

Als wir uns der Tür näherten, bemerkten wir eine Frau in einer schwarzen Ordenstracht in dem kleinen umzäunten Garten zur Linken des Hauses. Andrew sagte: "Lass uns doch mal schauen, wer das ist." Wir gingen auf die Person zu, die immer noch mit dem Rücken zu uns stand. Als sie sich umdrehte, setzte mein Herzschlag für einen kurzen Moment aus. Ich konnte es nicht glauben, aber dort stand sie: Schwester Evidia, nun schon weit über neunzig Jahre alt.

Sie erschrak, als sie uns hörte, und fragte, wer da sei, da sie nur noch sehr schlecht sehen konnte. Ich stotterte zunächst etwas, doch sagte schließlich: "Schwester Evidia, ich weiß nicht, ob Sie sich an mich erinnern; ich bin Diane Cirincione, die Tochter von Tom und Phyllis."

Ihr Gesicht hellte sich auf wie das eines Kindes, und sie antwortete: "Gelobt sei Gott! Diane, natürlich erinnere ich mich an dich. Sag, wie geht es deinem Bruder Andrew?"

Ich war erneut erstaunt, dass sie nicht nach meinen Eltern fragte, die sie von früher sehr gut kannte. Ich antwortete: "Nun, Schwester, es geht ihm sehr gut, er ist sogar hier bei mir, direkt zu meiner Linken."

Tränen stiegen ihr in die Augen; sie drehte sich um, streckte ihre Hände aus und fragte: "Andrew, Andrew, bist du das?"

Aus dem Augenwinkel warf ich einen schnellen Blick auf sein Gesicht und konnte wieder die alte Nervosität und Unsicherheit aus der Kindheit in ihm erkennen, an die ich mich nur zu gut erinnern konnte. Er begann zu sprechen, und ich konnte meine Tränen kaum zurückhalten, als er anfing, sich bei ihr zu entschuldigen: "Schwester, es tut mir so leid, dass ich Ihnen damals das Leben so schwergemacht habe."

Sie unterbrach ihn sofort, nahm seine Hände in ihre und antwortete: "Nein, Andrew, nein. *Ich* muss mich bei *dir* entschuldigen, und ich danke Gott dafür, lange genug gelebt zu haben, um das noch tun zu können. Ich wohne hier nicht mehr und kam nur für diese Woche zu Besuch hierher. Es ist ein Wunder, dass du zur selben Zeit hier bist. Andrew, damals wussten wir noch nicht, was wir heute wissen: nämlich auf welch unterschiedliche Weise Kinder lernen. Ich habe damals so viel Zeit damit verbracht, Kinder wie dich, die immer hyperaktiv waren, auszuschimpfen.

Ich hatte auch die Hilferufe der sehr schweigsamen Schüler nicht mitbekommen, die sogar noch mehr Probleme hatten. Andrew, verzeih mir bitte für altes Unrecht, das ich dir angetan habe."

Nun standen auch meinem Bruder Tränen in den Augen, und er sagte: "Schwester, es gibt nichts zu verzeihen. Wir haben damals alle unser Bestes gegeben, so gut wir es eben unter den damaligen Umständen konnten. Ich wusste immer, dass Sie uns gern hatten und sich um uns bemüht haben. Danke, Schwester – danke."

Wir blieben noch eine Weile, bevor wir Schwester Evidia umarmten, uns von ihr verabschiedeten und sie allein im Garten zurückließen, als wir langsam davongingen. Auf dem Weg zurück nach Hause waren wir beide sprachlos und verblüfft, doch auch irgendwie glücklich und zufrieden.

Dieses Zusammentreffen war eindeutig kein Zufall gewesen, und schließlich sprachen Andrew und ich mit Dankbarkeit über die Heilung eines zuvor noch schmerzhaften Lebensabschnitts und erkannten, als was für ein Segen sich dies im Nachhinein herausgestellt hatte. Einige Monate später erfuhren wir, dass Schwester Evidia nach einem langen verdienstvollen Leben selig und friedvoll entschlafen war.

Was oft wie ein Zufall in unserem Leben erscheint, ist in Wirklichkeit viel mehr als das. Aus einem anderen Blickwinkel betrachtet sind Zufälle von Gott bewirkte Wunder, bei denen Er jedoch anonym bleiben möchte.

Die Angelrute

— Jerry —

Im Jahre 1957 hatte ich einen zehnjährigen Patienten, den ich hier nicht mit seinem wirklichen Namen angeben möchte, sondern fiktiv als "Jeffrey Jones" bezeichnen werde. Jeffrey und seine Mutter waren getrennt voneinander bei mir in psychotherapeutischer Behandlung.

Meine Praxisräume in Tiburon in Nordkalifornien befanden sich in einem Haus, das auf Pfählen im Wasser stand. Oft ging ich mit den Kindern, die in meine Praxis kamen, nach draußen zum Angeln, denn ich hatte festgestellt, dass sie dabei viel entspannter und offener waren als in den Praxisräumlichkeiten. An seinem Geburtstag schenkte ich Jeffrey eine kleine Angelrute, dachte aber später nie mehr an dieses Geschenk zurück.

Viele Jahre später schrieb Diane ein wundervolles Buch und war auf der Suche nach einem Illustrator, der ihr eine Zeichnung für den Buchdeckel anfertigen würde. Sie betrieb einige Recherchen und stellte fest, dass einer der landesweit besten Illustratoren, Jeffrey Jones, zufällig recht nah bei uns in der Bay Area lebte.

Obwohl ich damals dachte, es könne sich unmöglich um denselben Jeffrey Jones handeln, den ich vor dreiunddreißig Jahren in Behandlung gehabt hatte, war ich wegen der namentlichen Übereinstimmung doch neugierig genug, Diane zu fragen, ob ich sie zu dem Treffen mit ihm begleiten dürfe. Das Atelier des Künstlers befand sich in seinem Haus - und siehe da: Es war derselbe Jeffrey Jones! Es war eine wundervolle Erfahrung, ihn wiederzutreffen und meine Begeisterung für seinen Erfolg mit ihm zu teilen. Er bestand darauf, Dianes Buch kostenlos zu illustrieren, als Geschenk für uns beide. Wir verbrachten dann noch etwa zwei Stunden mit ihm, seiner Frau und seinen beiden Kindern.

Als wir im Begriff waren, uns zu verabschieden, sagte Jeffrey, er wolle mir noch etwas zeigen, und verschwand für einen kurzen Moment. Als er wiederkam, hielt er die kleine Angelrute in der Hand, die ich ihm vor Jahrzehnten geschenkt hatte. Ohne ein Wort zu sagen, streckte er seinen Arm aus und hielt mir die kleine Angel entgegen. Seine unausgesprochenen Worte waren praktisch im ganzen Raum wahrnehmbar: 'Dies hier hat mir eine Menge bedeutet – genug, um sie über all diese vielen Jahre zu behalten.' Tränen stiegen mir in die Augen, als mir klar wurde, wie wichtig unsere damalige Beziehung für ihn gewesen war.

Jeffrey war für mich ein Lehrer, der in mein Leben zurückgekehrt war, um mich daran zu erinnern, wie bedeutungsvoll etwas für ihn war, das ich damals lediglich als kleinen freundschaftlichen Dienst angesehen hatte.

Wir unterschätzen leicht den Einfluss, den eine einzelne Geste der Liebe auf eine andere Person und ihr Leben ausüben kann. Geben und Nehmen sind in Wirklichkeit ein und dasselbe.

Bei einem von mehreren Treffen, die wir mit Mutter Teresa hatten, sagte sie, es gebe nicht so etwas wie einen "kleinen" oder "großen" Akt der Liebe. Alle Akte der Liebe seien gleich und nicht messbar, da sie der Reinheit unseres Herzens entspringen.

Angst als Lebensweise

— Jerry —

Angst - und unser Umgang mit ihr - ist eine der wichtigsten Herausforderungen in unserem Leben, und heutzutage hat sich das Ausmaß, in dem sich diese hinderliche Emotion in unserer Welt breitgemacht hat, enorm erhöht. Auch wenn jeder Mensch seine eigenen Ängste hat - sei es die Angst vor Terrorismus, vor einer Wirtschaftskrise, vorm Alleinsein, dem Verlust des Arbeitsplatzes, dem Tod oder den allgemeinen Lebensumständen -, so ist Angst doch etwas, das uns allen wohlbekannt ist. In einer Zeit, in der wir uns vierundzwanzig Stunden am Tag in den Fernsehnachrichten über das Weltgeschehen informieren können, können wir auch ein endloses Reservoir an Pessimismus "anzapfen" und uns widersprüchliche Behauptungen anhören hinsichtlich dessen, was man für oder gegen etwas tun kann oder muss - was die meisten von uns in einem Zustand der Verwirrung oder noch größerer Angst zurücklässt. Diese Geisteshaltung ist so tiefgreifend und durchdringend, dass wir mangels einer Alternative dazu in einem andauernden Alarmzustand leben, über den sich die meisten von uns nicht einmal mehr bewusst sind. Um für einen Ausgleich zu sorgen, füllen wir unser Leben mit zahlreichen Aktivitäten und versuchen dadurch, unsere Anfälligkeit für dieses Angstgefühl zu überspielen.

Da ich einen Großteil meines Lebens in permanenter Angst verbracht hatte, weiß ich, wie sich diese Gemütsverfassung langfristig auf einen Menschen auswirken kann. Als Kind war Furcht mein ständiger Begleiter; ich hatte Höhenangst, Angst vorm Meer, vorm Schwarzen Mann, vor Menschen, die ich nicht kannte, vor der Schule und vor so ziemlich allem, was sich noch aufzählen ließe. Diese Emotion begleitete mich bis ins Erwachsenenalter, wo ich mich dann bemühte, sie so gut wie möglich zu verschleiern – in der Annahme, wenn sie nicht sichtbar zutage trete, spiele sie auch keine Rolle.

Ich bin der Auffassung, dass wir genau das lehren, was wir lernen wollen, und so war mein erstes Buch, *Lieben heißt die Angst verlieren*, tatsächlich so etwas wie meine eigene innere Therapie. Die Tatsache, dass dieses Buch für Millionen Menschen aus den unterschiedlichsten Kulturkreisen ebenfalls eine Hilfe war, machte mir klar, dass ich mit meinen Ängsten beileibe nicht allein auf der Welt war. Ich war nicht der einzige Mensch, der eine neue Sicht auf das Leben und die Welt brauchte – ebenso wie eine neue Methode, zu Entscheidungen zu gelangen. Es ist auch kein Zufall, dass ich bei meiner Arbeit mit der *Attitudinal-Healing*-Methode oft mit Kindern und Erwachsenen zu tun hatte, die sich mit der Angst vor dem Tod konfrontiert sahen.

Wir alle sind *Works in Progress*, wie man es im Englischen sagt, also "noch in Arbeit", doch Diane und ich hatten schon vor einiger Zeit beschlossen, unsere Entscheidungen auf Liebe statt auf Angst zu gründen, und das, so oft wir können. Was bedeutet das? Die meisten spirituellen Wahrheiten sind tatsächlich sehr einfach – diese auch. Alle Angst entspringt dem Ego, was nicht unsere wahre Identität ist. Egos fühlen sich allein, denn sie sind von ihrer ursprünglichen Quelle und voneinander abgeschnitten. Wenn wir unser Einssein mit der Quelle spüren, spüren wir auch das Einssein mit unseren Mitmenschen, und das spiegelt sich dann in unseren Beschlüssen und Entscheidungen wider.

Bei jedem einzelnen Problem, das wir haben, ist die häufigste zugrundeliegende Angst die einer Trennung oder eines Verlustes von jemandem oder etwas. Denken Sie an irgendeine Angst, die Sie haben, egal, ob es sich um Ihre Familie, Ihren Arbeitsplatz,

Ihre Firma oder das Land, in dem Sie leben, handelt. Fragen Sie sich dann: "Von wem oder was befürchte ich, getrennt zu werden? Wen oder was fürchte ich zu verlieren?" Es könnte sich um die Liebe eines Ihnen nahestehenden Menschen handeln, um eine Person, deren Ableben kurz bevorsteht, oder gesellschaftliche und wirtschaftliche Belange wie etwa Geld oder Arbeit. Allen Problemen gemeinsam ist die Angst vor Trennung oder Verlust. Allein schon sich dessen bewusst zu werden, versetzt Sie in die Lage, bewusste Entscheidungen aus Liebe zu treffen statt unbewusste aus Angst.

Angst trennt uns — voneinander und von unserer Quelle.
Ist es nicht an der Zeit, aus diesem endlosen Strom
widersprüchlicher Gedanken und Gefühle auszuscheren
und uns auf die einzige Antwort zu besinnen,
die imstande ist, nicht nur unser Leben als Individuum,
sondern die ganze Welt zu transformieren?
Was wir heute brauchen, ist nicht so sehr eine neue Ideologie
als vielmehr eine spirituelle Transformation,
die alles und jeden umfasst. Damit dies geschehen kann,
müssen wir Angst in Liebe umwandeln.

Angst ist nie die Antwort

— Jerry und Diane —

Im Jahre 1988 waren wir an der Universität von Kalifornien in Santa Barbara, um den Dalai-Lama für eine landesweit ausgestrahlte Fernsehsendung mit dem Titel *Children as Teachers of Peace* (Kinder als Lehrer des Friedens) zu filmen. Dies war auch der Name unseres internationalen Projekts aus den 1980er Jahren, in dessen Rahmen wir Kinder mit nach Russland, China und Mittelamerika nahmen, um sich mit Staatsoberhäuptern und anderen Personen mit großem Einfluss auf das Leben vieler Menschen zu treffen.

Wir wählten dreißig Jungen und Mädchen aus, die ein Gespräch mit Seiner Heiligkeit führen sollten. Er selbst saß unter einem Baum, und zwei Kinder saßen links und rechts von ihm. Der Rest von uns bildete einen Halbkreis, wobei wir ihm zugewandt waren.

Kurz bevor die Kameras eingeschaltet wurden, kam eine Frau auf uns zugelaufen und sagte uns, dass das sechs Jahre alte Mädchen zur Rechten Seiner Heiligkeit unter starker Hyperaktivität leide und sicher schon in wenigen Minuten für Unruhe und Verwirrung sorgen würde. Um der Filmdokumentation willen riet sie uns, "sofort ein anderes Kind an die Stelle dieses Mädchens zu setzen, da sie sonst innerhalb kürzester Zeit die Aufnahmen ruinieren" werde. Wir dankten ihr für die Information und beschlossen, hinter einem großen Baum ins Gebet zu gehen und zu fragen, was wir tun sollten.

Wir erhielten beide dieselbe klare Antwort: nicht aus Angst heraus zu handeln, sondern das kleine Mädchen dort zu lassen, wo sie war, und wie geplant fortzufahren.

Etwa fünf Minuten nach Beginn der Dreharbeiten begann das Mädchen schläfrig zu werden und senkte ihren Kopf langsam in den Schoß Seiner Heiligkeit. Er strich ihr sanft übers Haar – und sie schlief für den Rest der Dreharbeiten, die reibungslos weiterliefen. Als wir fertig waren, wachte sie auf, erhob sich und sagte dem Dalai-Lama später, dass sie sehr glücklich darüber sei, ihn an jenem Tag in Santa Barbara kennengelernt zu haben.

Aus Angst heraus zu reagieren, führt die
befürchtete Situation erst recht herbei. Eine ängstliche
Gemütsverfassung zieht weitere angsterfüllte
Erfahrungen an. Wir haben jederzeit die Wahl,
uns nach innen zu wenden und in Demut, Schweigen
und Offenheit zu fragen: Was ist es, was ich in
dieser Situation wissen muss?

Bernadette

— Diane —

Manchmal haben Kinder das Glück, jemanden in ihrem Alter kennen zu lernen, der in seiner Entwicklung schon viel weiter fortgeschritten ist, als es das Alter erwarten ließe (womit ich nicht eine Art der Entwicklung meine, die Trennung herbeiführt oder Eifersucht auf den Plan ruft, sondern vielmehr eine Inspiration darstellt und die Möglichkeiten unseres eigenen Potenzials aufzeigt). Als ich und meine Freunde jung waren, hatten wir mit Bernadette Schenone eine solche Person.

Einige von uns kannten sie schon, als sie noch jünger war, doch die meisten von uns lernten Bernadette erstmals im Alter von vierzehn Jahren kennen, als wir auf die *Seton Hall High School* in der Kleinstadt Patchogue an der Südküste von Long Island wechselten. Die Schule hatte einen Einzugsbereich von einhundert Kilometern mit Dutzenden winziger Dörfer und Gemeinden. Das führte dazu, dass wir kaum wussten, wie reich oder arm die Mitschüler und deren Eltern waren, da wir fast alle sehr weit voneinander entfernt wohnten und zudem noch Schuluniformen trugen. Doch irgendwie war das für uns auch kein Thema, und alles funktionierte bestens.

Bernadette hatte eine ruhige, freundliche Art an sich und war den Gefühlen und Gedanken ihrer Mitschüler gegenüber immer sehr offen und aufgeschlossen. Sie war äußerst populär und hatte auch einige enge Freundinnen, doch sie war nie Teil einer Clique. Viele Mädchen suchten ihre Nähe, und sie hatte immer für alle Zeit. Im Rückblick kann ich nun sehen, dass Bernadette über umfassende spirituelle Qualitäten verfügte – sie strahlte etwas Ruhiges und Sanftes aus, das auf andere anziehend wirkte.

Als wir in die Abschlussklasse kamen, wussten nur ganz wenige von Bernadettes Freunden und Freundinnen, wie schwer erkrankt sie war – und das auch nur, weil die Mutter einer Freundin von ihr als Onkologie-Krankenschwester tätig war, als Bernadette im selben Krankenhaus lag, wo sie arbeitete. Der Rest von uns dachte ursprünglich, dass sie bald wieder gesund und zurück in der Schule sein würde, auch wenn sie einige Herausforderungen zu bestehen hätte.

Wenn man jung ist, ist man sich der Dinge, die noch nicht Teil der eigenen Realität sind, nicht bewusst. Die Möglichkeit, dass Bernadette ihrer Krankheit erliegen und sterben könnte, war so weit jenseits meiner Realität, dass ich es nie in Betracht zog. Ich entstamme einer großen italienischen Familie, und das Thema Tod war mir durchaus vertraut. Ich fühlte mich nicht unwohl damit, weil ich den Tod als einen natürlichen Bestandteil des Lebens für diejenigen, die alt und bereit zu sterben waren, erlebt hatte. Doch wie so viele Dinge, von denen wir glauben, sie zu verstehen, ist der Tod nicht Teil unserer Erwartungen, wenn er zu einem unvorhergesehenen Zeitpunkt kommt.

Bernadette fehlte aufgrund ihrer Krankheit den ganzen Winter in der Schule, und Anfang April lud ihre liebevolle Mutter etwa ein Dutzend ihrer engsten Freunde und Freundinnen zu einem Besuch bei ihnen zu Hause ein. Bernadette war ans Bett gefesselt, mager und schwach, doch ihr inneres Licht leuchtete so schön wie immer. Wenn ich an diesen Tag zurückdenke, kann ich sehen, dass ich wahrscheinlich das einzige Mädchen war, das nicht wusste, dass Bernadette im Sterben lag und dies unsere letzte Begegnung sein würde.

Ich erinnere mich daran, wie ich die Flecken auf ihren Beinen betrachtete und eine Bemerkung machte, die durchblicken ließ, dass ich offensichtlich glaubte, sie würden eines Tages wieder verschwunden sein. Kaum hatte ich dies gesagt, wurde es still im Raum, und ein Gefühl von Verlegenheit überkam mich. Im nervösen Tonfall eines unsicheren Teenager-Mädchens fragte ich: "Bernadette, wann bist du wieder in der Schule?"

Daraufhin zog eine meiner Klassenkameradinnen die Augenbrauen hoch, gab ein leises Geräusch von sich und legte sich die Hand auf den Mund, so als ob sie sagen wollte: "Oh mein Gott, ich kann einfach nicht glauben, dass sie das gefragt hat!" Es gab eine kurze Pause, und dann lächelte Bernadette mich mit all ihrer Herzensliebe an, so als ob sie mich in diesem peinlichen Moment in Schutz nehmen und trösten wollte. So war sie schon immer gewesen.

Am nächsten Tag sprach mich meine Freundin Maureen Hawkins in der Schule vor meinem Bücherspind an, zog mich etwas beiseite und sagte mit gedämpfter Stimme: "Diane, Bernadette wird nicht mehr in die Schule zurückkommen." Ich werde mich an diesen Moment wohl für den Rest meines Lebens erinnern, denn plötzlich ergab alles Sinn. Ich glaube, ich hatte es damals nicht zum Ausdruck gebracht, doch ich war Maureen so dankbar dafür, dass sie mir geholfen hatte, die tatsächliche Situation zu verstehen; alle anderen waren davon ausgegangen, ich wüsste Bescheid.

Durch die Lebensaufgabe, für die Jerry und ich uns entschieden haben, sind wir oft direkt mit dem Tod sowohl junger als auch älterer Menschen konfrontiert. Dabei habe ich gelernt, wie unsere Ängste uns dazu bringen können, etwas zu verleugnen, das sich direkt vor uns befindet, und ich verstehe die Verteidigungsmechanismen, auf die wir oft zurückgreifen, um uns vor etwas zu schützen, das uns zu schmerzhaft erscheint, als dass wir es erfassen könnten. Doch diese Lektion lernte ich erstmals von Bernadette, und ich werde ihr für immer dankbar sein dafür – über ihren Tod hinaus.

Der Tod ist für jeden von uns eine Gewissheit,
doch er muss keine Schreckensvision sein, die wir
mit unseren Ängsten und Abwehrmechanismen
beiseiteschieben. Unser wahres Potenzial ist spiritueller
Natur; das, was in jedem von uns real ist, ist auch ewig
während und kann nicht ausgelöscht werden.

Wie sich ein Kind den Tod vorstellt

— Jerry —

Im *International Center for Attitudinal Healing* in Sausalito, Kalifornien, ist eines unserer Prinzipien, dass jedes Individuum gleichermaßen Lehrer und Schüler für jeden anderen ist. Dies bedeutet, dass ein kleines Kind ein genauso wirkungsvoller Lehrer sein kann wie ein Erwachsener mit den besten Referenzen. Wenn wir die Menschen, mit denen wir zusammen sind, unabhängig von ihrem Verhalten als unsere Lehrer akzeptieren, sehen wir die Welt mit anderen Augen – und handeln auch entsprechend.

Als das Zentrum 1977 in Tiburon, Kalifornien, angesiedelt war, war eines der ersten Kinder, das im Sterben lag, ein Junge namens Greg Harrison. Er war damals elf Jahre alt, und nach zahlreichen chemotherapeutischen Behandlungen beschlossen er, seine Eltern und sein Arzt, diese Behandlungen auszusetzen.

Im Zentrum gibt es eine Gruppe für Kinder mit lebensbedrohlichen Krankheiten, und einer der Jungen in dieser Gruppe fragte Greg: "Wie ist das, zu wissen, dass du in wenigen Wochen sterben wirst?"

Ich war an jenem Abend der Leiter der Gruppe und war über die Direktheit dieser Frage schockiert. Als ich darüber nachdachte, was ich sagen könnte, um Greg den Druck zu nehmen, der mit dieser Frage auf ihm lastete, antwortete er ruhig und gefasst: "Ich glaube, wenn du stirbst, legst du einfach deinen Körper ab, der von Anfang an nie real war. Dann kommst du in den Himmel und wirst eins mit allen Seelen dort. Und manchmal kommst du zur Erde zurück und bist dann Schutzengel für jemanden."

Wie so viele andere Kinder, die mit potenziell tödlich verlaufenden Krankheiten in unser Zentrum gekommen waren, hatte auch Greg ein viel höheres Maß an Lebensweisheit, als es für ein Kind seines Alters üblich ist. Wir sehen diese Kinder als spirituelle Lehrer in kleinen Körpern, die uns eine neue Perspektive auf das Leben und den Tod aufzeigen. Greg hatte einen starken Einfluss auf mich, und ich hege nicht den leisesten Zweifel, dass er seit seinem Tod mein Schutzengel ist und es auch weiterhin bleibt.

Unsere Körper sind nur die Häuser, in denen wir leben,
während wir uns auf der Erde aufhalten.
Unsere wahre Identität ist spirituell und ewig während.
Die Essenz unseres Wesens ist Liebe.

Groll und Ärger loslassen

— Jerry —

Im Jahre 1975 suchte mich eine sechzehnjährige Schülerin in meiner psychotherapeutischen Praxis auf. Sie war sturköpfig, streitlustig und aggressiv, was sowohl für ihre geschiedene Mutter als auch die Schule, die sie besuchte, ein ernsthaftes Problem darstellte. Sie kam ein halbes Jahr lang einmal die Woche zur Therapie und machte in dieser Zeit erstaunliche Fortschritte. Dann zogen sie und ihre Mutter in einen anderen Bundesstaat um.

Der Vater des Mädchens, der in Missouri lebte, erklärte sich bereit, die Kosten ihrer Therapie zu übernehmen, doch während der gesamten sechs Monate ihrer Behandlung zahlte er nicht eine einzige Honorarrechnung. Ich rief ihn deswegen einige Male an, und jedes Mal sagte er mir: "Ich schicke Ihnen nächste Woche einen Scheck." Doch es kam nie einer an. Natürlich machte mich das Verhalten dieses Mannes von Mal zu Mal wütender. Da er der Chef eines großen Unternehmens war, wusste ich, dass es für ihn ein Leichtes gewesen wäre, mein Honorar zu bezahlen.

Ich war stolz auf den Fortschritt, den seine Tochter im Verlauf ihrer Therapie machte, doch mein Groll über die nicht gezahlten Honorarrechnungen veranlasste mich, in Betracht zu ziehen, ob ich die Rechnungen nicht an ein Inkassobüro abgeben sollte - etwas, das ich zuvor noch nie getan hatte. Trotz der Tatsache, dass meine Wutgefühle "gerechtfertigt" waren, brachten sie mir doch keinen inneren Frieden. Während einer meiner morgendlichen Meditationen erhielt ich dann eine innere Weisung, etwas zu tun, das sowohl ihn als auch mich aus dieser unglücklichen Situation befreien würde.

Ich rief den Mann an und ließ ihn ehrlich wissen, wie ich mich fühlte - vor allem, dass ich wütend auf ihn war, weil er entgegen seinen Beteuerungen bisher keine einzige Rechnung für die Therapie seiner Tochter bezahlt hatte. Ich wollte ihn wissen lassen, dass ich die Situation nun anders wahrnahm und mir selbst für meinen Groll vergeben hatte und deshalb nun auch im Frieden mit ihm wäre. Ich fügte hinzu, dass ich nicht wusste, warum er keine meiner Rechnungen bezahlt hatte, und es auch nicht unbedingt wissen musste; es sei in Ordnung, ließ ich ihn wissen, wenn er die Rechnungen nicht mehr bezahlen würde, und ich würde ihm auch keine weiteren Rechnungen schicken. Ich sagte ihm, dass der Grund meines Anrufs sei, uns beiden weitere Reibereien und Unstimmigkeiten zu ersparen, und dass ich mit dieser Entscheidung meinen persönlichen inneren Frieden wiederhergestellt hätte. Nach einer langen Pause des Schweigens sagte er: "Danke für Ihren Anruf" - und das war das Ende unseres Gesprächs.

Mein Beschluss, ihm dafür zu vergeben, dass er die Rechnungen nicht bezahlt hatte, und mir dafür, lange Zeit an Ärger und Groll deswegen festgehalten zu haben, erzeugte in mir sofort ein Gefühl von Ruhe und Gelassenheit in einem Maße, das ich zuvor noch nie erlebt hatte. Mein Geist fühlte sich gefasst, frei und ganz an.

Ich erwartete nicht, jemals wieder etwas von diesem Mann zu hören. Sie können sich deshalb sicher meine Überraschung vorstellen, als ich eine Woche später einen Brief von ihm erhielt - mit einem Scheck über die gesamte Honorarsumme für das halbe Jahr. Er hatte dem Scheck eine kleine Notiz beigefügt: Er bedankte sich für den Anruf und wollte mich auf diesem Wege wissen lassen, wie viel ihm unser Gespräch am Telefon bedeutet hatte. Natürlich freute ich mich über den unerwarteten Ausgang dieses Vorfalls und den ebenso unerwarteten Geldsegen, doch ich war mindestens ebenso dankbar, dass ich bereits vor Eintreffen des Schecks zu meinem inneren Frieden gefunden hatte und deshalb nicht von diesem Geld abhängig war.

Vergebung lehrt uns zwei wichtige Lektionen:

1) Innerer Frieden ist wichtiger als "gerechtfertigte" Wut oder irgendeine andere Emotion des Egos, die uns voneinander trennt, und

2) unser innerer Frieden ist nicht vom Ausgang der Situation, in der wir uns befinden, abhängig, sondern vielmehr davon, ob wir vergeben oder nicht. Die Kraft der Vergebung befreit uns jederzeit von allen Verstrickungen und Emotionen des Egos.

Die Öffnung meines Herzens

— Diane —

Jerry und ich waren an der Universität von Kalifornien in Santa Barbara, um die bereits erwähnte Dokumentation über Kinder zu filmen, die in den 1980er Jahren inmitten der nuklearen Bedrohung durch den Kalten Krieg und der angespannten Beziehungen zwischen den USA und der damaligen UdSSR auf der Suche nach Frieden waren. Kinder aus allen Gesellschaftsschichten hatten sich auf dem Rasen vor dem Gebäude der Hochschulleitung zusammen mit Seiner Heiligkeit, dem 14. Dalai-Lama, versammelt. Die Gespräche wurden im Rahmen des Versuchsprojekts, einen Weg zu einer friedlichen Welt zu finden, aufgezeichnet.

Nachdem die Dreharbeiten abgeschlossen waren und alle umherliefen, um sich zu verabschieden, kam Seine Heiligkeit in seiner gewohnt ruhigen Art über den Rasen geschlendert und blieb direkt vor mir stehen. Statt erschrocken darauf zu reagieren, wie ich es mir zuvor ausgemalt hatte, fühlte ich eine sanfte Wärme, die uns beide umgab. Er nahm meine Hände in seine, zog mich etwas zu sich heran und schaute mir tief in die Augen, während ich in die seinen sah. Dann berührte er mit der linken Seite seiner Stirn die meine, und so standen wir uns eine Weile gegenüber - etwa zwei oder drei Minuten, wie andere später beschrieben. Mir war es jedoch wie eine Ewigkeit erschienen, denn ich hatte alle Fragen und Gedanken bezüglich dessen, was da gerade geschah, losgelassen und mich vollständig auf die Erfahrung eingelassen. Dieser kurze Moment hat mein Leben für immer verändert.

Als ich so mit geschlossenen Augen und Stirn an Stirn mit Seiner Heiligkeit dastand, wurde ich mir plötzlich meines Herzens intensiv bewusst. Das Bild, das vor meinem geistigen Auge entstand, war eine Ansicht aus der Vogelperspektive von zwei großen Türen, die langsam begannen aufzugehen, bis sie ganz geöffnet waren. Gefühle von Frieden, Freude und tiefer Liebe für die gesamte Menschheit und die Welt um uns herum erfassten mich auf ruhige und friedliche Weise. In dem Moment wusste ich: Egal, was mir persönlich oder dem Universum als Ganzem widerfahren würde - mein Herz würde für immer geöffnet bleiben, denn so war ich wirklich; dies war mein natürlicher Seinszustand. Von diesem Tag an hatte ich keine Ängste oder Zweifel mehr, dass ich meinen Weg nach Hause finden würde.

Nachdem ich mit dem Dalai-Lama eine Weile so dastand, lösten wir uns wieder voneinander, und er schaute mir noch einmal tief in meine Augen. Dann lächelten wir beide im freudigen Bewusstsein darüber, was sich gerade zugetragen hatte.

Ich bin sicher, dass viele andere Menschen sogar noch intensivere Erfahrungen als ich gemacht haben - vor allem gläubige Buddhisten, die diese Erfahrungen noch mehr verdient haben als ich. Eine der vielen Lektionen, die ich an jenem Tag jedoch gelernt habe, ist, dass Menschen nicht derselben Glaubensrichtung angehören müssen, um ein spirituelles Verständnis miteinander teilen zu können. Tatsächlich ist es sogar so, dass religiöse Dogmen die Möglichkeiten solcher Verbindungen mitunter eher behindern als fördern.

Alles, was ich mit Sicherheit weiß, ist, dass mir an jenem Tag in Santa Barbara ein buddhistischer Mönch aus einem weit entfernten Land zu einer der wichtigsten spirituellen Er-

fahrungen in meinem Leben verholfen hat – und dafür werde
ich ihm für immer dankbar sein.

Häufig sind die wichtigsten Wegweiser, die uns
den Weg nach Hause zu unserer Quelle zeigen,
diejenigen, die wir am wenigsten erwartet hätten.
Das, was wir als "fremd", "anders" oder "nicht so
wie ich" bezeichnen, ist oft das, was wir noch erfahren,
kennenlernen oder wertschätzen müssen.
Ein offenes Herz gestattet der Liebe,
durch viele Türen einzutreten.

Mein Rückspiegel

— Jerry —

Ich war gerade in meinem zwölf Jahre alten gelben Honda Civic unterwegs, als ich auf einer schlecht befestigten Straße plötzlich in ein tiefes Schlagloch geriet. Zu meiner Überraschung sprang der Rückspiegel an der Windschutzscheibe aus seiner Fassung, fiel auf den Wagenboden und zerbrach. Da mir so etwas zuvor noch nie passiert war, fuhr ich sofort rechts an den Straßenrand, hielt an und dachte darüber nach, ob es für mich eine Lektion aus diesem unerwarteten Vorfall zu lernen gäbe. Ich schwieg und ließ meinen Geist zur Ruhe kommen. Dann begann ich leise zu kichern, denn ich hörte eine innere Stimme, die mich fragte: "Jerry, wann hörst du endlich damit auf, in deinem Leben zurückzuschauen?" Nachdem ich aufgehört hatte zu lachen, war mein erster Gedanke, dass Gott einen wundervollen Sinn für Humor hat.

Zu jener Zeit hatte ich das Gefühl, immer noch in mehreren Dingen aus der weit zurückliegenden Vergangenheit festzustecken. Und wann immer ich mich dabei ertappte, wie ich über die Vergangenheit nachsann, merkte ich, dass ich unglücklich war, mit mir gefühlsmäßig im Streit lag und mich letztendlich deprimiert fühlte. Als ich nach Hause fuhr, war ich bei jedem Blick auf den fehlenden Rückspiegel froh, dass er nicht mehr an Ort und Stelle war, denn es rief mir in Erinnerung, dass ich nicht meine Vergangenheit war.

Unglückliche Erinnerungen können uns nur
Schmerz zufügen, wenn wir uns dafür entscheiden,
sie in der Gegenwart wiederzuerleben.
Das größte Glück widerfährt den Menschen,
die sich in jenem Moment für
inneren Frieden entscheiden.

Warum bin ich hier?

— Diane —

Der erste Workshop, den Jerry und ich an einer Universität hielten, war im Jahre 1984 auf dem Irvine-Campus der Universität von Kalifornien. Wir kamen etwa eine halbe Stunde vor Beginn an und erhielten eine Broschüre mit dem Wochenendprogramm. Als ich sie durchblätterte, fühlte ich in mir einen Konflikt aufsteigen: Mein Name tauchte nicht in der Liste der Vortragenden auf; nur Jerry war als Präsentator aufgeführt. All meine Ängste und meine Gereiztheit spitzten sich zu dem Gefühl zu, dass ich hier eigentlich nicht hergehörte.

"Jetzt reicht's. Ich wollte von Anfang an nicht mit hierherkommen. Niemand will mich sprechen hören. Dies bestätigt für mich nur, dass ich nicht am Programm teilnehmen sollte. Ich werde nicht mit hineinkommen. Zieh' das allein durch", sagte ich zu Jerry.

"Okay", antwortete er, "aber weißt du, Diane, selbst wenn dein Name im Programmheft aufgeführt gewesen wäre, könntest du dich immer noch entscheiden, nicht hineinzugehen."

"Das stimmt", antwortete ich mit einem nervösen Zittern in meiner Stimme, "denn ich werde nicht mit hineingehen."

"Du solltest wissen, dass ich nicht darauf bestehe, den Workshop unbedingt mit dir zusammen abzuhalten, und es tut mir leid, dass sie deinen Namen vergessen haben – aber darf ich dir eine Frage stellen?" Natürlich dürfe er das, antwortete ich. "Warum bist du heute hierhergekommen?"

Ich zögerte zunächst, dachte einen Moment nach und antwortete dann mit einer etwas ruhigeren, weniger ängstlichen Stimme: "Ich bin hierhergekommen, um Liebe zu geben."

"Glaubst du, dass du dazu imstande bist?", fragte er nach.

"Ja, ich weiß, dass ich das kann."

Daraufhin schaute mir Jerry tief in die Augen und sagte in seiner typisch sanften Art und Weise etwas, das mein Leben veränderte: "Diane, das ist alles, was je von dir verlangt wird." Er stand auf und fügte hinzu: "Ich gehe jetzt hinein, und du kannst entscheiden, ob du dich mir auf der Bühne anschließt oder lieber im Publikum sitzt. Oder wir sehen uns am Ende der Veranstaltung wieder. So oder so - ich möchte, dass du weißt, dass ich dich liebe."

Jerry ging hinein, und ich dachte noch eine Weile über seine Frage und meine Antwort nach. Ich wusste, dass ich imstande war, Liebe zu geben, und so beschloss ich, mich Jerry auf der Bühne anzuschließen. Es war für uns beide eine Erfahrung echter Transformation. Menschen sprachen von ihren Ängsten, und ich sprach über meine sowie auch über meine Gefühle an jenem Morgen, als ich meinen Namen nicht im Programmheft entdeckt hatte. Den ganzen Tag lang waren wir alle sowohl Lehrer als auch Schüler füreinander. Das Thema des Workshops war: "Liebe ist die Antwort, egal, wie die Frage lautet!"

Wenn wir uns täglich daran erinnern, warum wir hier
sind, konzentrieren wir unseren Geist auf den wahren
Grund für unsere Existenz: uns zu lieben, gemeinsam zu
wachsen und uns gegenseitig zu unterstützen. Wir
können andere Menschen, Situationen oder Ausgänge von
Geschehnissen nicht kontrollieren, egal, wie sehr wir

es versuchen – doch wir können unseren Geist und unser Wesen auf Liebe ausrichten und diesen "Kurs" beibehalten. Wenn wir das tun, befinden wir uns auf einem friedlicheren und sichereren Weg.

Der grüne Wagen

— Diane —

Jerry und ich waren als Berater für das AIDS-Programm des *San Francisco General Hospital* tätig. Gewöhnlich ist es schwierig, dort einen Parkplatz zu finden, weshalb ich in der Regel eine halbe Stunde früher eintreffe, um mir einen zu sichern. Eines Tages fand ich zu meiner großen Freude einen Parkplatz direkt neben dem Haupteingang – etwas, das noch nie zuvor geschehen war.

Die zweistündige *Attitudinal Healing*-Sitzung lief ausgezeichnet. Wir hoben hervor, dass wir uns immer für den Frieden statt den Konflikt entscheiden können und dass es nur unsere Gedanken und Geisteshaltungen sind, die uns Schmerz zufügen. Nach der Sitzung ging ich hinaus zu meinem Auto – und musste feststellen, dass ein großer grüner Wagen seitlich direkt hinter mir parkte, so dass ich nicht aus der Parklücke herauskommen konnte. Mein erster Gedanke war: "Nun ja, der Fahrer dieses Wagens wird sicher nur kurz eine Besorgung machen und wahrscheinlich in ein oder zwei Minuten wieder erscheinen."

Aus den "ein oder zwei Minuten" wurden zwanzig, dann vierzig. So langsam ergriff mich Panik. Vielleicht hatte der Fahrer des grünen Wagens soeben eine Acht-Stunden-Schicht begonnen! Ich wurde sehr ärgerlich, denn ich hatte dreißig Minuten später einen Präsentationstermin am anderen Ende der Stadt – und keine Möglichkeit, die Teilnehmer wissen zu lassen, dass ich eventuell später käme. Wenn der Fahrer des grünen Wagens nicht bald auftauchen würde, würde ich es nicht schaffen.

Ich merkte, wie ich mit jeder Person, die sich dem grünen Wagen näherte, sich aber nicht als sein Fahrer herausstellte, wütender wurde, bis ich schließlich vollkommen erschöpft war. Dann erinnerte ich mich daran, was wir gerade während des Treffens besprochen hatten, nämlich imstande zu sein, sich für den Frieden zu entscheiden, egal, was in der äußeren Welt passiert. Und wissen Sie was? Es machte absolut keinen Unterschied! Ich war überzeugt, dass ich im Recht war – das unschuldige Opfer einer rücksichtslosen Person. Ich war ebenso überzeugt davon, dass die meisten Menschen der gleichen Ansicht gewesen wären wie ich.

Während die Minuten weiter verrannen, steigerte sich meine Wut zu heller Empörung. Ich erwischte mich selbst bei dem Gedanken: "Diane, du verhältst dich wie eine Geistesgestörte!" Ich beschloss, mich erst einmal einige Minuten zu setzen und innerlich zur Ruhe zu kommen. Dann sagte ich zu mir selbst: "Ich weiß nicht im Geringsten, was sich hier abspielt, aber es muss eine Lektion geben, die ich aus diesem Vorfall lernen kann."

Was mir daraufhin einfiel, war die Lektion, die Jerry und ich gerade in den letzten zwei Stunden mit unseren Teilnehmern besprochen hatten: Ich kann mich für den Frieden statt den Konflikt entscheiden. War ich ein Opfer, oder konnte ich mich immer noch entscheiden, ruhig und gelassen zu bleiben? Dann sagte ich laut zu mir selbst: "Also gut, ich entscheide mich jetzt für den Frieden."

Allmählich kam mein aufgewühlter Geist zur Ruhe. Eine Stimme tief in mir sagte mir, ich solle die vorbeilaufenden Passanten fragen, ob sie irgendetwas über den grünen Wagen wüssten.

Nach einigen Minuten kam ein Mann aus dem Gebäude, und ich fragte ihn: "Verzeihen Sie, aber wissen Sie, was es mit diesem grünen Wagen hier auf sich hat?"

"Oh doch, ja", antwortete er. "Gehen Sie hier einfach links um die Ecke zum Haupteingang, dann den Flur runter zum letzten Büro rechts. Dort kann man Ihnen sagen, was es mit dem grünen Wagen auf sich hat."

Ich war verblüfft. Ich betrat das Gebäude, war aber etwas verwirrt über die Wegbeschreibung des Mannes und betrat deshalb das erste Büro, um etwas über den grünen Wagen herauszufinden. Ohne von ihren Schreibtischen aufzuschauen, antworteten die beiden Personen im Büro gleichzeitig: "Ja." Dann fügte einer von ihnen hinzu: "Gehen Sie einfach den Flur hinunter bis zur letzten Tür rechts; dort kann man Ihnen etwas über den grünen Wagen sagen."

Meine Verblüffung war nun komplett – und ich war innerlich völlig zur Ruhe gekommen. Tatsächlich spürte ich einen tiefen inneren Frieden, obwohl ich absolut keine Ahnung hatte, was zu jenem Zeitpunkt in der äußeren Welt passierte. Ich lief den Flur hinunter zum letzten Büro rechts, wo eine Frau an einem Schreibtisch saß, während ein Mann neben ihr stand. Mit ruhiger Stimme sagte ich: "Verzeihen Sie bitte, aber könnten Sie mir etwas zu dem grünen Wagen sagen, der dort draußen in der zweiten Reihe parkt?"

Mit freundlicher Stimme erwiderte der Mann: "Das ist mein Wagen."

Ebenso freundlich erwiderte ich: "Haben Sie den grauen Wagen direkt neben dem Gebäude gesehen, dem Sie die Ausfahrt versperren? Der gehört mir, und ich wollte Sie bitten, ob Sie kurz Zeit hätten, Ihren Wagen beiseitezufahren, so dass ich aus der Parklücke kann."

Darauf fragte mich die Frau am Schreibtisch: "Verzeihen Sie, aber wussten Sie, dass Sie Ihren Wagen in einer absoluten

Halteverbotszone geparkt haben? Die Polizei hätte Sie jederzeit abschleppen lassen können ...”

Ich war zutiefst schockiert. Endlich fand ich Worte, und mit zaghafter Stimme antwortete ich: “Nein, das wusste ich nicht.”

Dann fragte der Mann: “Und wussten Sie, dass wir die Polizei sind?”

“Nein, das wusste ich auch nicht!”

Er schaute mich an und lächelte. “Wissen Sie”, fuhr er fort, “gerade sagte ich noch zu meiner Kollegin, ‘wenn die Person, der der graue Wagen gehört, hier wütend hereingestürmt kommt und sich über diese rücksichtslose Frechheit beschwert, zugeparkt worden zu sein - *dann* werden wir den Wagen abschleppen lassen.’ Doch Sie kamen freundlich und gefasst hier herein und haben mich so nett gebeten, meinen Wagen beiseitezufahren, dass ich Ihrer Bitte gern nachkomme.”

Als wir zusammen hinaus zum Parkplatz gingen, erklärte der Mann: “Wissen Sie, wir müssen hier mehrmals am Tag geparkte Autos abschleppen lassen oder den Haltern zumindest einen Strafzettel fürs Falschparken verpassen. Aber irgendwas sagte mir heute, dass ich nicht sofort den Abschleppdienst rufen, sondern auf die Person, der der graue Wagen gehört, warten sollte. Und das ist der Grund, warum ich sie zugeparkt habe: Ich wollte sehen, wer diese Person ist - und ich bin froh, dass ich’s getan habe.”

“Sie glauben ja gar nicht, durch was für ein Wechselbad der Gefühle ich gegangen bin”, erwiderte ich und erzählte ihm die ganze Geschichte. Bevor ich wieder in mein Auto stieg, um loszufahren, umarmten wir uns noch.

Als ich davonfuhr, dachte ich darüber nach, was für eine wunderbare Lektion dies gewesen war. Ich war so überzeugt gewesen, im Recht zu sein, und ich hatte geglaubt, dass meine Empörung vollkommen “gerechtfertigt” war. Ich erinnerte mich auch an all die anderen Zeiten in meinem Leben, als ich mir so sicher gewesen war, im Recht zu sein und eine andere Person im Unrecht ...

Es ist leicht, unsere Egos die Regie über unseren Geist
übernehmen zu lassen und anderen die Schuld für
Probleme, auf die wir stoßen, zuzuschreiben.
Doch jede Situation kann Liebe widerspiegeln, wenn wir
uns für den Frieden statt für den Konflikt entscheiden —
selbst wenn es dazu anhaltender Anstrengungen bedarf.

Kalligraphie als Lehrer der Stille

— Jerry —

Es war das Jahr 1976, als ich feststellte, dass ich nur noch durchs Leben hetzte und kaum noch richtig Zeit für irgendetwas hatte. Jeden Morgen fertigte ich eine lange Liste von Dingen an, die zu erledigen waren; dann stürmte ich durch den Tag in dem Versuch, alle Punkte auf der Liste "abzuhaken". Ich wusste, dass ich über kurz oder lang auf die Bremse treten musste, wenn mir an meiner Gesundheit etwas gelegen war. So beschloss ich, etwas auszuprobieren, das zunächst unerreichbar schien, doch mir vielleicht helfen könnte, das Tempo zu drosseln: Ich begann einen Kalligraphie-Kurs.

Schon bald stellte ich fest, dass sich dieser Kurs auch positiv auf einen anderen Bereich meines Lebens auswirkte: meine Handschrift, bis dahin ein einziges Gekrakel, das niemand lesen konnte. Vielleicht war das auch einer der Gründe, warum ich ein Medizinstudium begonnen hatte, denn die meisten Menschen können die Handschrift ihres Arztes auch nicht lesen! Die Kalligraphie zwang mich, langsam zu atmen, in der Gegenwart zu bleiben und Stille zu praktizieren - und all dies half mir, mich wieder an die göttliche Präsenz zu erinnern.

Um zu beweisen, dass nichts unmöglich ist, schrieb ich jedem meiner beiden Söhne zu Weihnachten einen Brief, in dem ich sie wissen ließ, wie sehr ich sie liebe und schätze - in Kalligraphieschrift. Sie waren völlig von den Socken, denn zum ersten Mal konnten sie tatsächlich lesen, was ich geschrieben hatte!

Doch schon bald nach Weihnachten verfiel ich wieder in alte hektische Gewohnheiten zurück, und meine Handschrift sah so krakelig aus wie früher. Ich brauchte etwas, das es mir gestatten würde, größere Disziplin zu entwickeln. Ich ging zu meiner Bank und sagte dem Angestellten, dass ich meine Unterschrift ändern möchte, und zwar in eine mit Kalligraphieschrift. Der Bankdirektor kam hinzu und war besorgt, dass jemand diese neue Unterschrift leicht kopieren könnte. Als ich ihm sagte, dass meine Kalligraphie-Unterschrift mir helfe, mich an die göttliche Präsenz zu erinnern, hatte ich das Gefühl, dass er mich innerlich für verrückt erklärte – doch er akzeptierte meine Entscheidung.

Einige Monate später besuchte ich meine Eltern in Los Angeles. Sie waren vor kurzem umgezogen und baten mich um meine Unterschrift, die für den Zugang zu ihrem Bankschließfach erforderlich war. Als ich in Kalligraphieschrift unterschrieb, schrie meine Mutter mich an: "Das ist doch nicht deine Unterschrift! Warum schreibst du in diesem Stil!?" Ich versuchte ihr zu erklären, dass mir die Kalligraphie helfe, zur Ruhe zu kommen und mich an die göttliche Präsenz zu erinnern. Sie fiel mir ins Wort: "Wenn du dich unbedingt an die göttliche Präsenz erinnern willst, dann tue das in deinen eigenen vier Wänden. Aber wenn du bei mir bist, unterschreib' gefälligst so, wie du es bisher auch immer getan hast!"

Dies war nicht das erste oder letzte Mal, dass ich bemerkte, wie sich meine Mutter durch irgendeine Veränderung meines Verhaltens bedroht fühlte. Sie war für mich eine lebendige Erinnerung daran, dass Menschen nicht in eine bestimmte Form passen müssen, damit ich sie lieben kann. Sie lehrte mich eine Menge in Bezug auf Akzeptanz, Vergebung und das Loslassen von Erwartungen.

Mit einem Höllentempo durchs Leben zu hetzen, einen Termin nach dem anderen einzuhalten, macht es unmöglich, inneren Frieden zu erfahren. Doch wir haben die Wahl, den Fuß vom Gas zu nehmen, unseren Geist zu beruhigen und uns in der Gegenwart zu entspannen, selbst wenn es nur für einen kurzen Moment ist.

Ein Gefängnis muss nicht unbedingt aus Mauern bestehen

— Diane —

Mitte der 1980er Jahre folgten Jerry und ich einer Einladung der Sai Organisation in Phoenix, Arizona, einen Vortrag zu halten. Die Stiftung ehrte Personen, die der Organisation zwar nicht angehörten, doch durch ihre Aktivitäten in beispielhafter Weise zum Gemeinwohl beitrugen. In diesem Zusammenhang wurden wir gebeten, einen Vortrag über *Attitudinal Healing* zu halten. Robert Muller, der ehemalige stellvertretende Generalsekretär der Vereinten Nationen und ein guter Freund von uns, wurde ausgewählt, Vorträge in den östlichen Vereinigten Staaten zu halten, während wir im Westen aktiv waren.

Während unseres Vortrags erzählten wir auch die Geschichte eines Gefängnisinsassen in Arizona, der Jerry einen Brief geschrieben hatte, in dem er behauptete, dass Jerrys Buch, *Lieben heißt die Angst verlieren*, das Schlimmste wäre, was er je gelesen hätte. Er führte aus, dass er in der Justizvollzugsanstalt in der Nähe von Phoenix, in der er einsaß, mehrfach von Strafvollzugs- beamten geschlagen und in Einzelhaft genommen worden war und deshalb nicht an das Konzept der Vergebung glaube. Am Ende seines Briefes schrieb er, Jerry sei ein Pseudo-Psychiater aus Kalifornien, der keine Ahnung vom wirklichen Leben habe.

Jerry antwortete ihm mit einem Brief, in dem er sich weder verteidigte noch rechtfertigte, und so kam es zwischen den beiden

Männern zu einer Brieffreundschaft. Ein halbes Jahr später sollte Jerry einen Vortrag in Phoenix halten, und bei dieser Gelegenheit besuchte er den Mann im Gefängnis. Er erzählte Jerry, dass er von allen Vollzugsbeamten als schlimmster Gefängnisinsasse angesehen werde und dass er – obwohl er ursprünglich nur zu drei Jahren Freiheitsentzug verurteilt worden war – aufgrund seiner Vergehen im Gefängnis nun mittlerweile sieben Jahre absitzen müsse.

Er fuhr fort und erzählte, dass seine Mutter eine Prostituierte und sein Vater Alkoholiker gewesen sei. Er beschwerte sich auch noch über einige andere Menschen in seinem Leben und gab ihnen die Schuld für diverse Entwicklungen auf seinem Lebensweg. Jerry antwortete ihm verständnisvoll, aber entschieden: Wenn er weiterhin anderen die Schuld gebe für das, was ihm geschehen sei, werde er niemals einen Weg aus seinem Dilemma finden. Wenn er jedoch bereit sei, seine Einstellungen und Überzeugungen zu hinterfragen und zu ändern, stünden die Chancen gut für ihn, vorzeitig aus der Haft entlassen zu werden.

Kurz nachdem Jerry wieder zu Hause eingetroffen war, erhielt er einen Brief von dem Mann, in dem er schrieb, dass er endlich verstanden hätte, worum es Jerry in seinem Buch und seinen Briefen an ihn wirklich gehe. Er fügte hinzu, dass er in Bezug auf sich selbst etwas festgestellt hätte: Das, was in ihm ständige Wut auslöse, seien nicht die Gefängnismauern, die Vollzugsbeamten, seine Eltern oder die Vergangenheit, sondern die Angst- und Schuldgefühle, die er unablässig und von neuem in seinem eigenen Geist erschaffe.

Weitere Briefe, die Jerry von ihm erhielt, zeigten, dass er anfing, Verantwortung für sein Verhalten und dessen Folgen zu übernehmen, und nach dreieinhalb Jahren wurde er tatsächlich vorzeitig aus der Haft entlassen. Jerry erwähnte gegenüber dem Publikum noch, dass er in der Zwischenzeit keinen Kontakt mehr zu dem Mann habe.

Unmittelbar nachdem wir diese Geschichte zu Ende erzählt hatten, gab es stehende Ovationen vom Publikum. Was war geschehen? Nun, Jerry und ich wussten nicht, dass sein ehemaliger Brieffreund nach seiner Entlassung Schlagzeilen in den Zeitungen gemacht hatte – für seine hingebungsvolle Arbeit sowohl mit Gefängnisinsassen als auch mit bereits entlassenen ehemaligen Strafgefangenen. Der Grund für die stehenden Ovationen war nicht unser Vortrag, sondern die Tatsache, dass der Mann unter den Zuhörern im Publikum saß, und viele Teilnehmer im Saal hatten ihn bereits erkannt! Nach unserem Vortrag führten wir noch ein Gespräch mit ihm. Er erzählte uns, dass er einen Großteil seiner Zeit ehrenamtlich tätig sei und Menschen helfe, bei denen die Ärzte Krebs oder andere lebensbedrohliche Krankheiten diagnostiziert hatten und die dem möglichen Tod ins Auge schauen mussten.

Andere für das, was uns im Leben widerfahren ist, verantwortlich zu machen und ihnen die Schuld dafür zuzuweisen, hält uns in einem geistigen Gefängnis, aus dem es kein Entkommen gibt. Wunder können nur geschehen, wenn wir unsere Hass- und Wutgefühle loslassen, andere nicht mehr verurteilen und uns Vergebung zu eigen machen.

Schuldig in Japan

— Jerry —

Bei einer Vortragstour in Japan hielten wir auch einen Workshop im *Tokyo International Trade Center*. Ich hatte die Idee, die Teilnehmer auf einem Blatt Papier aufschreiben zu lassen, wofür sie sich am meisten schuldig fühlten. Diejenigen, die bereit waren einzusehen, dass Schuldgefühle sie behindern, und die deshalb loslassen wollten, sollten ihr Blatt Papier zu mir nach vorn bringen.

Eine Frau trat als Erste an mich heran, und ich bat sie, ihr Blatt Papier in einen großen Aschenbecher zu legen. Dann entzündete ich ein Streichholz und setzte das Blatt Papier in Brand, so dass wir zuschauen konnten, wie das notierte Schuldgefühl symbolisch mit dem Blatt Papier, auf dem es notiert war, "verbrannte". Leider kam es dann aber ganz anders ...

Die Rauchmelder des Hotels waren extrem empfindlich eingestellt, und kaum brannte das Blatt Papier, ertönte ein Alarmsignal – so ohrenbetäubend laut, dass es uns fast aus dem Saal getrieben hätte. Aus allen Richtungen liefen Sicherheitskräfte herbei, während wir wie festgefroren auf unseren Stühlen saßen, nach oben schauten und abwarteten, ob sich die Sprinkleranlage einschalten würde. Sie tat es zwar nicht, doch mein Versuch, die Teilnehmer von einem Teil ihrer Schuldgefühle zu befreien, endete damit, dass ich mich nun selbst schuldig fühlte. Der menschliche Geist ist schon sehr komplex ... Und als Autor eines Buches, das sich ausschließlich mit dem Thema Schuldgefühle befasst, sage ich: Wir sind alle "noch in Arbeit", was dieses Thema betrifft!

Nachdem die Alarmsirene abgestellt worden war und die Sicherheitskräfte sich wieder zurückgezogen hatten, begannen die Teilnehmer sich darüber auszutauschen, weshalb sie zu einem *Attitudinal Healing*-Workshop gekommen waren. Man hatte Diane und mir gesagt, dass die Japaner freundlich, aber sehr distanziert und zurückhaltend seien, und dass es ihnen deshalb schwerfalle, offen über persönliche Gefühle zu reden. Doch diese Einschätzung wurde von einigen Teilnehmern schon sehr bald widerlegt; eine elegant gekleidete Frau stellte sich als Edelprostituierte vor, die an jenem Tag zum Workshop gekommen war, um herauszufinden, ob es hier einen Weg gäbe, wie sie ihr Leben verändern könnte.

Nach einer kurzen Pause des Schweigens sagte die direkt neben ihr sitzende ältere Frau: "Wissen Sie was? Ich habe bisher noch nie darüber nachgedacht, aber ich glaube, ich bin auch eine Prostituierte, denn der einzige Grund, weshalb ich mich noch nicht von meinem Mann habe scheiden lassen, ist sein Geld. Ich möchte mein Leben genauso verändern wie Sie."

Bei jedem Workshop ist es unsere Absicht, ein Umfeld zu schaffen, in dem die Teilnehmer nicht befürchten müssen, von anderen be- oder verurteilt zu werden, und in dem jeder von uns aus den Gefühlen anderer Teilnehmer - Schmerzen, Ängste, Fehlschläge und Erfolge - etwas lernen kann. Diese Erfahrung kann dann zum Leitmotiv für eine tolerantere und offene Atmosphäre werden, die wir alle zusammen für uns in unserem täglichen Leben schaffen können.

Unterschätzen Sie nie, wie stark das Ego von Schuldgefühlen angezogen wird. Vielleicht erscheint es tugendhaft, intensiv über unsere Fehler nachzudenken,

doch es ist unmöglich, inneren Frieden zu erfahren und
gleichzeitig noch Schamgefühle zu spüren.
Wenn wir unsere Schuldgefühle loslassen und sie
durch Liebe ersetzen, öffnet dies unsere Herzen —
und erst dann ist Heilung für uns und andere möglich.

Eine Botschaft von "oben"

— Diane —

Jerry und ich lieben es, den Tag unmittelbar vor Sonnenaufgang mit einem Spaziergang am Strand von Kailua auf Oahu zu beginnen. Wir haben dabei eine Übereinkunft, dass wir uns auf der ersten Hälfte der Wegstrecke in Schweigen üben, die Natur auf uns einwirken lassen und uns innerlich mit spirituellen Dingen befassen, jeder für sich. Dann, wenn wir auf dem Rückweg sind, ist es in Ordnung, Gespräche zu führen.

Als wir eines Tages bei unserem morgendlichen Spaziergang auf dem Rückweg waren, erzählte ich Jerry von Wutgefühlen, an denen ich festhielt und die etwas betrafen, das mir vor kurzem bei drei verschiedenen Anlässen widerfahren war. Jerry fragte mich, ob ich wirklich glaube, dass unsere Gedanken unsere Realität erschaffen. Rein verstandesmäßig wusste ich, dass dem so war, doch nun war ich emotional so aufgewühlt, dass ich mit recht lauter Stimme antwortete: "Dieses Mal aber nicht - dies ist die Ausnahme!" Dann nahm ich ein Wort in den Mund, das ich nur sehr selten verwende, als ich ihm sagte: "Ich fühle mich, als ob jemand einen Haufen Sch... auf mir abgeladen hätte!"

Innerhalb eines Sekundenbruchteils - noch bevor ich den nächsten Schritt getan hatte - traf mich ein großer Klecks Vogelsch... auf meiner linken Brust direkt über dem Herzen. Dies war mir noch nie zuvor passiert - und ich gehe schon seit einigen Jahrzehnten an Stränden spazieren. Ich war so baff, dass ich jäh stehenblieb. Ich schaute Jerry an, er schaute auf mich – und beide begutachteten wir das Malheur auf meiner Bluse.

Jerry konnte sich einen leisen Kommentar nicht verkneifen: "Diane, ich hoffe, du hast bemerkt, dass der Vogel nicht auf mich gesch… hat."

Darauf brachen wir beide in lautes Gelächter aus. Ich warf meine Arme in die Luft und rief: "Also gut, okay, ich hab's verstanden! Meine Gedanken erschaffen tatsächlich meine Realität!"

Unsere Gedanken erschaffen unsere Realität.
Das, woran wir glauben, ist das, was wir sehen.
So etwas wie "untätige" Gedanken gibt es nicht; die
Tatsache, dass sie nicht sichtbar sind, bedeutet nicht
automatisch, dass sie unwichtig sind. Ein friedfertiger,
liebevoller Geist erschafft eine harmonischere Realität
als ein aggressiver Geist voller negativer Emotionen.
Denken Sie daran: Wir sind vielleicht nicht imstande, eine
Situation oder einen anderen Menschen zu verändern,
doch wir können immer unsere Gedanken verändern.

Wo Liebe ist, ist auch ein Weg

— Jerry und Diane —

Im Jahre 1982 begannen wir eine zehnjährige Reise durch fast dreißig Länder. Unser Ziel war es, bezüglich des Themas AIDS Aufklärungsarbeit zu leisten. Wir arbeiteten interkulturell mit Basisorganisationen und medizinischen Einrichtungen zusammen, um die psychologischen, gesellschaftlichen und spirituellen Aspekte der Auswirkungen dieser Krankheit auf alle Gesellschaftsschichten zu beleuchten.

In den 1980er Jahren waren wir auch in der damaligen Sowjetunion im Rahmen unseres jahrzehntelangen Projektes *Children as Teachers of Peace* tätig. Damals brachten wir Kinder aus der UdSSR in die USA und umgekehrt, um die Kluft zwischen den beiden Nationen, die sich als Feinde wahrnahmen, zu überbrücken. Bei einer unserer Reisen in die Sowjetunion sammelten wir auch Informationen über die Auswirkungen von AIDS in jenem Teil der Welt. Die Regierung hatte bis dahin die Existenz der Krankheit in der Sowjetunion stets abgestritten, doch schließlich entdeckten wir eine Klinik am Stadtrand von Moskau, in der Menschen, die sich mit dem tödlichen Virus infiziert hatten, von der Außenwelt abgeschottet wurden. Durch die unschätzbar wertvolle Hilfe von Carolyn Smith, die fließend Russisch sprach, gewannen wir das Vertrauen der Ärzte und konnten so nach und nach einige von ihnen in den Prinzipien des *Attitudinal Healing* unterweisen. So begannen die Ärzte auch zu verstehen, welch großes Potenzial in Therapiegruppen steckt, in denen die Mitglieder gemeinsam daran arbeiten, sich zu heilen.

Dies war der Grundstein für die Gründung des Moskauer Zentrums für *Attitudinal Healing*.

Während wir uns in der AIDS-Klinik aufhielten, näherte sich uns eine Frau mit zögernden Schritten und ließ uns wissen, dass sich ihr fünf Jahre alter Sohn Alexej wegen Missbildungen in seinem Magen-Darm-Trakt, die er schon von Geburt an hatte, einer Operation unterziehen müsse. Das Problem dabei, so erklärte sie, sei nur, dass die Ärzte sich weigern würden, ihn zu operieren, weil er sich kurz nach seiner Geburt durch eine verunreinigte Bluttransfusion mit dem AIDS-Virus infiziert hatte. Sie bat uns inständig, ihn für diese komplizierte Operation mit in die USA zu nehmen.

Zu jener Zeit steckte *Glasnost*, also eine Politik der Transparenz und Offenheit der sowjetischen Staatsführung gegenüber der Bevölkerung und damit eine Entspannung der sowjetisch-amerikanischen Beziehungen, noch in ihren Kinderschuhen. Bis dahin war es Sowjetbürgern nur sehr selten gestattet worden, außer Landes zu reisen. Obendrein galten in den USA zu jener Zeit äußerst strenge Einwanderungsgesetze – vor allem für Bürger der UdSSR –, so dass es uns fast unmöglich schien, der Bitte von Alexejs Mutter nachzukommen. Als wir deshalb um innere Weisung baten, waren wir überrascht, dass wir trotzdem beide ein klares "Ja" als Antwort auf die Frage erhielten, ob wir es versuchen sollten. Dabei mussten wir die Frage, *wie* wir dies erreichen könnten, erst einmal auf sich beruhen lassen und einfach darauf vertrauen, dass sich eine Möglichkeit ergeben würde.

Doch es kam ganz anders: Es war viel leichter, für Alexej und seine Mutter die Ausreiseerlaubnis aus der UdSSR zu erhalten als die Einreiseerlaubnis in die USA. Mit Hilfe des Bürgermeisters von San Francisco, von Freunden am *San Francisco General Hospital* und dem *Jewish Community Center* (Jüdisches Gemeindezentrum) gelang es uns, die Einreiseerlaubnis für beide zu erhalten, so dass Alexej schon bald operiert werden konnte. Da die beiden allerdings kein einziges Wort Englisch sprachen, war es eine echte Herausforderung, eine Unterkunft für sie zu finden. Carolyn, die auch als Leiterin der Kindergruppe in unserem Zentrum in Sausalito tätig war, unterstützte uns auch hier, ebenso wie bei allen weiteren Aktionen, die wir in der Sowjetunion unternahmen.

Nach Alexejs Operation wollten wir ihm und seiner Mutter bei der Rückreise in die UdSSR helfen, als die Ärzte uns mit einer Hiobsbotschaft schockierten: Alexej werde sich einer zweiten Operation unterziehen müssen, die allerdings erst in frühestens neun Monaten durchgeführt werden könne, da es so lange dauere, bis die Eingriffe von der ersten Operation innerlich verheilt wären. Nun stellte sich die Frage: Was tun?

Hätten wir sie zurückgeschickt, hätten wir nicht sicher sein können, ob sie ein weiteres Mal aus ihrem Land aus- und in die USA einreisen könnten. Schließlich beschlossen wir, ihnen anzubieten, bis zum Zeitpunkt der zweiten Operation in San Francisco zu bleiben. Dies war jedoch für alle Beteiligten schwierig, vor allem für Alexejs Mutter, die ihre anderen Kinder zu Hause zurückgelassen hatte. Doch durch die Großzügigkeit vieler Beteiligter, besonders einiger katholischer Wohltätigkeitsorganisationen, die den beiden Unterkunft und Verpflegung stellten, wurde das, was wir zuvor noch für unmöglich gehalten hatten, tatsächlich möglich.

Auch die zweite Operation verlief erfolgreich, und Alexej kehrte mit seiner Mutter, ein klein wenig gelerntem Englisch und ganz viel Liebe nach Moskau zurück. Die Lektion, die wir hieraus gelernt hatten, war: "Wenn du tief ins Dunkle hinunterreichst, um jemandem ans Licht zu verhelfen, dann wirst du feststellen, dass die Hand, nach der du greifst, deine eigene ist." Denn alle, die an der Hilfe für die beiden beteiligt waren, stellten fest, dass die gemeinsame Anstrengung ihre eigenen Herzen noch weiter geöffnet hatte.

Wenn wir auf unsere innere Stimme und deren
Weisung hören und wenn wir entsprechende
Anstrengungen unternehmen, dann kann das, was zuvor
unmöglich erschien, Realität werden. Wenn wir uns mit voller
Hingabe der Aufgabe widmen, anderen zu helfen, dann
werden sich uns andere anschließen. Und wenn wir anderen
Menschen Liebe schenken, zeigt uns dies die Richtung, in der
unsere eigene Reise verläuft.

Ein Reiseführer

— Diane —

Bevor Jerry und ich eine Einladung zum Halten eines Vortrags annehmen, gehen wir gewöhnlich ins Gebet und bitten um innere Weisung. Auf diese Weise planen wir all unsere Vortragsreisen. Vor einiger Zeit erhielten wir zwei Einladungen zu Veranstaltungen, die beide am selben Tag stattfinden sollten: Die erste war eine eintägige Veranstaltung in New York City, zu der wir nur wenig Informationen in Bezug auf ihr Ziel und ihren Zweck erhalten hatten; die zweite fand in Australien statt und beinhaltete einen siebenwöchigen Aufenthalt dort.

Da ich in New York aufgewachsen bin und bis zu jenem Zeitpunkt Australien noch nie besucht hatte, wusste ich, welcher Einladung ich folgen wollte. Jerry hatte bereits zuvor eine Vortragsreise nach Australien unternommen und drückte den Wunsch aus, noch einmal nach "Down Under" zu reisen. Was stand der Reise also im Weg? In aufgeregter Vorfreude rief ich: "Lass uns nach Australien aufbrechen!"

Jerry antwortete ruhig: "Diane, wir sind doch übereingekommen, dass wir vorher immer ins Gebet gehen wollten, um eine innere Weisung zu erhalten, was wir tun sollten. Glaubst du nicht auch, dass wir in diesem Fall genauso verfahren sollten?" Etwas widerwillig stimmte ich ihm zu.

Wir schlossen unsere Augen und beteten. Ich versuchte, vor meinem geistigen Auge die Buchstaben A-U-S-T-R-A-L-I-E-N als Antwort und Weisung zu sehen, doch als ich als Antwort "New

York" erhielt, versetzte mir das einen gehörigen Schreck. Schwer enttäuscht fragte ich Jerry, was er als Antwort erhalten hatte. Als er sagte "New York", schlug ich schnell vor: "Lass uns noch einmal beten!" Doch es half nichts; wieder erhielten wir als Antwort "New York", und so sagten wir die Einladung nach Australien ab.

Wir brauchten drei Wochen, um mehr Informationen zu der Veranstaltung in New York zu erhalten. Es stellte sich heraus, dass es sich um ein Treffen vieler wichtiger Persönlichkeiten in der *Cathedral Church of St. John the Divine* handelte, das von einer nichtstaatlichen Stelle der Vereinten Nationen finanziert wurde. Kirchliche und spirituelle Führungspersonen aus der ganzen Welt würden anwesend sein. Den Organisatoren war unsere Arbeit am Projekt *Children as Teachers of Peace* bekannt, und so baten sie uns, vierzig Kinder aus verschiedenen Ländern mit zur Veranstaltung zu bringen. Das Ganze lief darauf hinaus, dass wir Kinder einluden, deren Eltern für die Vereinten Nationen arbeiteten.

Es war eine außergewöhnliche Veranstaltung. Nachdem wir einige einleitende Bemerkungen gemacht hatten, kamen drei Kinder nach vorn und erzählten den Anwesenden, was Frieden für sie bedeutet. Am Ende des Abends zogen alle Kinder um die Kirche und entzündeten Kerzen, die den 12.000 Anwesenden überreicht worden waren. Es war einer der beeindruckendsten und außergewöhnlichsten Momente für uns – und sicher auch für alle anderen Menschen, die daran teilnahmen.

Mein Ego hatte unbedingt nach Australien gewollt, doch als Jerry und ich zusammen in der Kathedrale standen und beobachteten, wie der Schein der Kerzen sich überall im schönen Altarraum ausbreitete, wusste ich, dass wir genau dort waren, wo wir hingehörten. Im Jahr darauf erreichte uns erneut eine Einladung nach Australien, und dieses Mal erhielten wir im Gebet die innere Weisung, dieser Einladung zu folgen und dabei auch Neuseeland zu besuchen. Die Reise wurde für uns zu einer Erfahrung, die unser Leben verändern sollte.

Wir können lernen, die richtigen Entscheidungen zu treffen,
wenn wir Stille im Geist erfahren, unsere Herzen öffnen und
unvoreingenommen auf die Antwort hören.

Sich freimachen vom Schubladendenken

— Jerry —

Vor einigen Jahren war ich in New York, um einen Vortrag zu halten. Ich folgte einer Einladung zu einer großen Cocktailparty, hatte aber keine besonders große Lust, daran teilzunehmen, weil ich davon ausging, mich mit den Anwesenden nur in Smalltalk zu verfangen. Ich war hin- und hergerissen, beschloss dann aber doch, der Einladung zu folgen.

Ich traf etwa fünfundvierzig Minuten nach Beginn der Party ein, sah ein freies Sofa und steuerte sofort darauf zu. Ich hatte mich gerade gemütlich niedergelassen, als ein weiterer Mann sich neben mich setzte. Wir begannen ein Gespräch, und schon bald fanden wir uns in einer Konversation, die viele interessante Themen beinhaltete. Wir spürten, dass wir die Gesellschaft des jeweils anderen beide sehr genossen.

Zwischendurch kam unsere Gastgeberin zu uns und ließ uns wissen, wie glücklich sie sei, dass wir uns getroffen hätten. Dann fragte sie: "Übrigens, Sie haben sich doch sicher schon gegenseitig vorgestellt und über Ihre beruflichen Tätigkeiten gesprochen, oder?"

"Nein", antworteten wir beide gleichzeitig.

Sie stellte mich ihm als Psychiater aus Kalifornien vor – worauf der Mann neben mir plötzlich aufsprang, uns mit weit aufgerissenen Augen anblitzte und schrie: "Ich hasse Psychiater!"

Unsere Gastgeberin ignorierte seinen Gefühlsausbruch und stellte mir meinen Gesprächspartner als einen berühmten Konzertpianisten vor. Daraufhin erwiderte ich sofort, dass ich zwar ein großer Musikliebhaber sei, mich aber keinesfalls als Experten auf diesem Gebiet betrachte. Hätte ich vorher gewusst, wer er war, wäre ich wahrscheinlich aufgestanden und davongegangen – aus Angst, irgendetwas Dummes zu sagen.

Daraufhin lachten wir alle herzlich, und ich setzte mein Gespräch mit dem Musiker fort. Wir kamen auch darauf zu sprechen, wie wir reagieren, wenn wir eine uns bis dahin unbekannte Person kennenlernen, und wie die Antwort auf die Frage "Was machen Sie beruflich?" darüber entscheidet, ob wir das Gespräch fortsetzen wollen oder nicht.

Wenn wir Menschen in Schubladen stecken,
fällen wir ein Urteil über sie. Doch dies
hält uns immer davon ab, an der Gegenwart
einer Person, an einer Beziehung oder einer Konversation
Gefallen zu finden, denn wir sind nur auf unser Urteil
fixiert. Selbst wenn unsere Einschätzung uns sagt,
dass uns unser Gegenüber in gewisser Weise
überlegen ist, führt dieses Urteil immer noch zur
Trennung. Sich davon in jeder Hinsicht zu befreien
bedeutet, offen für ein Gefühl der Gleichwertigkeit
und ganz im Hier und Jetzt zu sein.

Valentinstag

— Jerry —

Es war Ende Januar vor einigen Jahren, als ich beschloss, die *Attitudinal Healing*-Selbsthilfegruppe der Seniorenresidenz *The Redwoods* in Mill Valley, Kalifornien, zu besuchen.

In meiner Meditation vor dem Besuch kam ich auf die Idee, allen zwölf Teilnehmern im Alter von sechsundsechzig bis dreiundneunzig Jahren Rosen als Geschenke mitzubringen. Ich übergab jeder Person eine Blume und umarmte ihn oder sie herzlich. Ich war überrascht, wie sehr sich die Mitglieder der Gruppe über dieses kleine Geschenk freuten. Einige von ihnen sagten, sie hätten schon seit Jahren keine Blumen mehr geschenkt bekommen; andere konnten sich nicht daran erinnern, überhaupt jemals welche geschenkt bekommen zu haben.

Das brachte mich auf eine Idee: Wenn eine Rose und eine Umarmung solch eine Wirkung auslösen konnten, wie wäre es dann wohl, am Valentinstag dasselbe für alle zweihundertfünfzig Bewohner der Residenz zu organisieren? Ich konnte eine Gärtnerei dazu bewegen, die Rosen zu spenden, und es fand sich auch ein Getränkehersteller, der bereit war, Flaschen zu spenden, in die man die Rosen hineinstellen konnte. Rosen und Flaschen sollten dann am 14. Februar in der *Redwoods*-Residenz eintreffen. Außerdem konnte ich ein Dutzend Kinder im Alter von sieben bis zwölf Jahren dafür gewinnen, nach der Schule zur Seniorenresidenz zu kommen, um jedem Bewohner eine Rose zu schenken und den Beschenkten zu umarmen.

Wir trafen zur vereinbarten Zeit ein – und mussten feststellen, dass die Flaschen allesamt mit kohlensäurehaltigem Wasser gefüllt waren! Da wir nicht mehr die Zeit hatten, sie alle zu entleeren, schraubten wir einfach die Verschlüsse ab und steckten eine Rose in jede Flasche.

Es ist unmöglich, mit Worten zu beschreiben, wie liebevoll der Umgang der Kinder und Senioren miteinander war. Die Kinder liefen anschließend nicht einfach davon, sondern blieben vielmehr eine Weile und unterhielten sich mit den Bewohnern der Residenz, und ich hatte den Eindruck, als ob die sonst spürbare Kluft zwischen Jung und Alt zumindest hier überbrückt worden war. Als wir das Wohnheim verließen, fragten mich die Senioren sogar, wann wir sie wieder besuchen kommen würden!

Einige Tage später erzählten uns einige Bewohner – mit einem breiten Lächeln auf den Lippen –, dass Rosen sich offensichtlich viel länger halten, wenn man sie in kohlensäurehaltiges Wasser stellt!

Auch das kleinste Geschenk kann Großes bewirken,
wenn es mit Liebe gegeben wird. Und wenn dies
noch mit einer Umarmung verbunden ist, kann es
eine geradezu magische Wirkung haben.

Meine Arbeitssucht

— Diane —

Im Verlauf der Jahre verfing ich mich immer wieder in verschiedenen nicht gerade hilfreichen Einstellungen und Geisteshaltungen, doch keine von ihnen haftete so lange an mir wie meine Arbeitssucht. Egal, wo ich mich aufhielt - sie hatte mich jederzeit fest im Griff. Jahrelang arbeitete ich vierzehn Stunden pro Tag, nahezu sieben Tage pro Woche. Ich konnte fühlen, wie dieser Marathon mich allmählich meiner geistigen und körperlichen Energiereserven beraubte. Zu behaupten, mein Leben hätte in dieser Zeit unter einem gewissen Mangel an Balance gelitten, wäre noch stark untertrieben. Ich führte so gut wie kein Privatleben mehr. Doch wie war ich überhaupt in diese Situation hineingeraten?

Einer der Gründe, weshalb ich diese Geisteshaltung eingenommen hatte, hatte damit zu tun, dass meine Eltern während der Großen Depression in den 1930er Jahren aufgewachsen waren. Ihre Eltern wiederum mussten zwei oder drei Jobs gleichzeitig annehmen, um über die Runden zu kommen. Als ich aufwuchs, waren meine Eltern fast in derselben Situation. In meiner Familie herrschte die weitverbreitete Überzeugung, dass man nur ein guter Mensch sein könne, wenn man hart arbeitete. Als Kind kam ich daher zu der Auffassung: "Wenn du nicht alles gibst - bis zur totalen Erschöpfung -, dann bist du als Mensch einfach 'nicht gut genug'."

Kinder neigen dazu, ihre Eltern nachzuahmen und deren Werte zu übernehmen - vor allem wenn dies gleichbedeutend damit ist, geliebt zu werden. Es war also nur eine logische Folge, dass ich bei jeder Art von Arbeit, in die ich mich stürzte, mindestens einhundert Prozent gab – plus das, was auch immer erforderlich war, um den Erfolg sicherzustellen. Auch wenn die Ergebnisse sich nicht immer in der Weise manifestierten, wie ich sie geplant hatte, strebte ich im Endeffekt trotzdem immer nach persönlicher Geltung bei meiner Arbeit. Deshalb war es auch keine Überraschung, dass die Geschäftspartner, die ich mir auswählte, ebenfalls die Neigung hatten, lang und hart zu arbeiten. Es war wie eine stillschweigende Übereinkunft zwischen uns.

Wenn die Arbeit alles einnimmt und zwischen Berufs- und Privatleben keine Balance mehr herrscht, ist es nur allzu leicht, Gefühle, die im Privatleben an die Oberfläche treten würden, zu kaschieren und zu verdrängen. Ich lief pausenlos so schnell hin und her und war so stark beschäftigt, dass ich lange Zeit imstande war, dem ungelösten Chaos meiner Kindheitsjahre zu entrinnen – so dachte ich zumindest. Doch in Wirklichkeit waren die nicht verheilten Wunden meines Herzens überall in meinem Leben sichtbar. Ich führte absichtlich oberflächliche Beziehungen, um nicht in den gähnenden Abgrund meiner tiefen Traurigkeit zu stürzen. Äußerlich war ich bei meinen beruflichen Tätigkeiten erfolgreich, doch innerlich fühlte es sich an wie ein einziger großer Fehlschlag. Mein spirituelles Leben war genauso gespalten wie ich selbst, wie die Kluft zwischen meiner inneren Realität und dem mich umgebenden Kokon, der aus endloser Arbeit bestand.

Bis zum heutigen Tag kämpfe ich immer noch mit dem Bedürfnis, in meinem Leben eine gesunde Balance zwischen selbstauferlegtem Arbeitspensum einerseits und Freizeit und Freiräumen andererseits zu finden. Wann immer es mir nicht gelingt, das "Arbeitskarussell" bewusst zum Halten zu bringen, spüre ich zunehmend hektische Verzweiflung in mir – und eine Trennung von meinem wahren Selbst und den Menschen um mich herum. Doch nun gelingt es mir weit häufiger als früher, vernünftige Entscheidungen zu treffen, die dazu führen, dass eine ganzheitliche Perspektive an die Stelle meiner manischen Arbeitssucht tritt – eine Perspektive, die nicht nur für meinen Verstand, sondern auch für meinen Körper und meinen Geist förderlich ist.

Ein hastiger und geschäftiger Geist lässt keinen Platz
für spirituelle Erfahrungen. Stille, Gelassenheit und
ein geruhsames Tempo bei allen Aktivitäten
sind unendlich wertvoll.

Ein altes Sprichwort aus Indien sagt:
"Ein ständig beschäftigter Geist ist ein kranker Geist
ein bedächtiger Geist ist ein gesunder Geist
und ein stiller Geist ist ein göttlicher Geist."

Intuitives Wissen

— Diane —

Die meisten von uns haben schon einmal die Erfahrung gemacht, etwas "aus dem Bauch heraus" zu wissen und damit erfolgreich zu handeln. Es wurden viele Thesen und Deutungen aufgestellt, um dieses Phänomen zu erklären, doch die wohl am meisten verbreitete "Erklärung" ist: "Ich habe nicht die leiseste Ahnung, *wie* es funktioniert – ich weiß nur, *dass* es funktioniert."

Vor einigen Jahren beschloss ich, die These, dass wir über unsere fünf physischen Sinne hinaus Zugang zu Informationen haben, auf den Prüfstand zu stellen. Es war das erste Mal, dass ich mit meinem Wagen durch die "Downtown" einer Großstadt fuhr. Ich hatte zwar eine Adresse, wusste aber nicht, wie ich dort hingelangen sollte. Dies war zu einer Zeit, als es noch keine Navigationssysteme gab, und ich war in dieser Stadt auch nicht mit den Straßenschildern vertraut, ganz zu schweigen von irgendwelchen Wahrzeichen als Orientierungspunkten. Da ich die Leute an meinem Zielort telefonisch nicht erreichen konnte, befand ich mich in einer Zwickmühle: Ich hatte eine Verabredung zu einer bestimmten Zeit, doch keine Ahnung, wie ich dorthin gelangen sollte.

Als ich so durch die Straßen fuhr, ergriff mich für einen Moment Panik. Mein Ego fand überhaupt keinen Gefallen daran, nicht zu wissen, wo ich mich gerade befand, zumal ich sonst ganz gut darin bin, meinen Weg zu einem bestimmten Ziel zu finden. Ich erinnere mich, wie ich von der Autobahn herunterfuhr, obwohl ich nicht einmal wusste, welche Abfahrt ich nehmen musste. Doch dann machte ich eine Erfahrung, die die Art und Weise, wie ich Entscheidungen traf, von Grund auf veränderte.

Ich saß in meinem Wagen, spürte tief in mein Herz und erinnerte mich an meine Überzeugung, dass wir alle Zugang zu intuitivem Wissen haben – ein Weg, zu Informationen zu gelangen, der mit gewöhnlichen Methoden der Informations-sammlung nichts zu tun hat. Warum also nicht hier und jetzt auf die Intuition zurückgreifen? Sollte ich mit meiner Überzeugung richtig liegen, dann sollte ich auch imstande sein, das intuitive Wissen "anzuzapfen", das ich brauchte, um an mein Ziel zu gelangen. Ich war leicht aufgewühlt, beschloss aber, es auszu-probieren.

Ich fuhr wieder auf die Autobahn und fragte mich: "Was muss ich wissen?" Schon kurze Zeit später hatte ich das intensive Gefühl, an einer bestimmten Ausfahrt von der Autobahn herun-terfahren zu müssen. Ich näherte mich einer Ampel, wusste aber nicht, ob ich nach links oder rechts abbiegen sollte. So stellte ich mir also die Frage: "Rechts oder links?" Irgendwie "wusste" ich, dass ich nach rechts abbiegen musste. An der nächsten Kreuzung tat ich dasselbe, und dieses Mal lautete die Antwort "nach links abbiegen". Als ich das Stadtzentrum erreichte, spürte ich eine gewisse Aufregung; ich war gespannt, ob diese Art der "Erkundigung" mich an mein Ziel führen würde. Dies ging so für etwa fünfzehn Minuten weiter, in denen ich in östliche Stadt-bezirke "geleitet" wurde.

Plötzlich erhielt ich keine Antwort mehr auf meine Frage nach der Richtung. Ich wiederholte meine Frage immer wieder, nur um als Antwort ohrenbetäubendes Schweigen zu erhalten. Ich erinnere mich noch, wie meine Begeisterung mich verließ und ich mich innerlich für mein Verhalten rügte. Was für eine Farce dieses ganze Unterfangen doch war! Ich öffnete das

Seitenfenster und fragte einen Passanten, ob er die Straße kenne, die ich suchte. Der Mann schaute etwas irritiert, sah mich dann aber freundlich an und sagte: "Dies *ist* die Straße, die Sie suchen, Madam." Er deutete mit dem Arm hinter sich und ergänzte: "Und was die Hausnummer betrifft – gleich um die Ecke ist die Garageneinfahrt dieses Hauses ..."

Wir alle haben Zugang zu intuitivem Wissen über uns,
unser Leben und das Leben anderer. Der Zugang
zu diesem Wissen ist eine Sache der bewussten
Entscheidung und Übung – und natürlich der
Überzeugung, dass dies überhaupt möglich ist.
Auf diese Weise gewonnenes Wissen gibt uns die
Möglichkeit, Entscheidungen aufgrund von Informationen
zu treffen, die wir nicht auf herkömmliche Weise
erlangen, sondern durch spirituelle Führung.

Keil Cove

— Jerry —

Die Miete für mein Apartment hatte sich drastisch erhöht, und ich musste umziehen. Vor meinem geistigen Auge sah ich den Wohnort, der mir vorschwebte: ruhig gelegen, von Bäumen umgeben und nah an der Natur – ein Zuhause, das mir ein harmonisches Umfeld bieten würde, in dem ich ungestört leben und schreiben könnte. Diane lebte zu jener Zeit noch einige Kilometer entfernt in Belvedere.

Eines Sonntagnachmittags – Diane und ich gratulierten uns gerade zum Abschluss der Bearbeitung unseres Buchs *Liebe ist die Antwort* – erhielt ich plötzlich eine innere Weisung, die ich mit ihr teilte. Wir sollten einen Spaziergang machen, bei dem wir auf jemanden treffen würden, der mir helfen könnte, einen lebenswerten Wohnort zu finden. Zehn Minuten später kreuzte sich unser Weg mit dem einer Frau, die mir bekannt war, die ich aber seit Jahren nicht gesehen hatte. Sie sagte uns, dass sie und ihr Mann vor kurzem ein Haus am Ende der Straße gekauft hätten, in der ich zur Zeit noch wohnte. Nachdem sie uns ihr neues Zuhause gezeigt hatte und von mir erfuhr, dass ich ebenfalls auf der Suche nach einem neuen Zuhause war, sagte sie, sie kenne den perfekten Ort: Er befände sich in *Keil Cove*, nicht weit von dort, wo wir uns gerade aufhielten.

Es war ein magisch wirkendes Anwesen mit einem 160.000 Quadratmeter großen Grundstück und eigenem Strandabschnitt an der San Francisco Bay. Über einhundert verschiedene Vogelarten lebten dort, und riesige alte Redwood-Bäume umgaben das Haus. Es gab Wanderwege und sogar einen kleinen See vor dem einhundert Jahre alten Anwesen, das offensichtlich frei und zu vermieten war. Wir trafen die Besitzer, doch sie sagten uns, dass es ihnen leid täte - sie hätten das Anwesen just am Tag zuvor verpachtet.

Als wir zurückgingen, drehte sich Diane noch einmal um, um einen Blick über den See auf das Haus zu werfen. Plötzlich hielt sie mich an und sagte, sie würde uns dort wohnen sehen; sie hatte ein klares und deutliches geistiges Eindrucksbild von uns, wie wir vor unserem Anwesen standen.

Was sie sagte, überraschte mich, denn bis zu jenem Zeitpunkt hatten wir getrennt gewohnt. Natürlich freute es mich, dass sie uns zusammen in diesem Haus leben sah; trotzdem setzte ich mir meinen "Psychiaterhut" auf und wies sie darauf hin, dass wir der Realität ins Auge sehen müssten: Das Anwesen sei bereits verpachtet, und wir müssten uns nach etwas Neuem umschauen.

Doch Diane bestand darauf, dass sie uns dort wirklich leben sah, und sie hätte die innere Weisung erhalten, die Suche nach einem anderen Wohnort zumindest für eine Woche ruhen zu lassen. Ich war damit einverstanden.

Vier Tage später erhielten wir einen Anruf von den Besitzern des Anwesens. Sie sagten uns, dass der Pächter, mit dem sie schon einen Vertrag abgeschlossen hatten, die Pacht nicht werde zahlen können, weil es rechtliche Probleme beim Verkauf seines alten Hauses gebe. (Später fanden wir heraus, dass sich dieses Haus in unmittelbarer Nähe meines Apartments befand.) Wenn wir also noch an dem Anwesen interessiert wären, könnten wir es nun pachten. Diane und ich schlugen natürlich sofort ein.

Diane hatte später eine Theorie aufgestellt, wie wir doch noch zu unserem Traumanwesen gelangt waren: Die *Hausfee* hätte uns eines Nachts besucht, dann aber ihren Zauberstab über dem falschen Haus geschwungen. Als sie ihren Fehler entdeckt hatte, wäre sie noch einmal zurückgekommen, um ihn zu korrigieren ...

Kurz danach heirateten wir, und dank der Liebenswürdigkeit zweier Generationen der Keil-Familie verbrachten wir die nächsten vierzehn Jahre an diesem wunderschönen Ort.

Jeder von uns hat Zugang zu innerem Wissen, das uns auf unserem Lebensweg leiten kann. Wir können damit zwar nicht unsere Egobedürfnisse befriedigen, und es bietet uns auch nicht unbedingt ein Leben in Geborgenheit – doch es gibt uns etwas viel Wichtigeres: das Gefühl einer Verbindung zum Göttlichen. Es ist ein Geschenk, das Er, der uns liebt und nur das Beste für uns will, uns bereitet. Unsere Bereitschaft, auf diese innere Stimme zu hören, ist eine der wichtigsten Entscheidungen, die wir auf unserer spirituellen Reise treffen können. Wenn wir uns dieser Stimme unseres "Ichs" öffnen, können wir erleben, wie das scheinbar Unmögliche schließlich doch noch möglich wird.

An der Küste

— Jerry —

Die Meeresküste ist für mich schon immer eine Art zweite Heimat gewesen. Den größten Teil meiner Kindheit in Long Beach, Kalifornien, lebte ich nur zwei Häuserblocks vom Strand entfernt; Surfen und Schwimmen waren damals meine Lieblingsbeschäftigungen.

Mehr als vierzig Jahre lang befanden sich meine Praxisräumlichkeiten in Tiburon am Ende eines Docks über dem Wasser der San Francisco Bay. Vierzehn Jahre lang lebte ich in einem Haus mit Blick auf *Angel Island*, das auf Pfählen im Wasser stand. Eineinhalb Jahrzehnte lebten Diane und ich in *Keil Cove*, einem Anwesen mit einem kleinen See, nur zwanzig Meter von der Bucht entfernt. Gegenwärtig verbringen wir die Hälfte des Jahres auf einem Hausboot in der San Francisco Bay und die andere Hälfte auf Hawaii.

Das Meer übte auf mich schon immer eine geradezu magnetische Anziehungskraft aus. Die Brandung besänftigt mein Herz, und die Meeresbrise nährt meine Seele. Am Strand küsst das Wasser den Sand, und die Natur präsentiert sich hier in ihrer mysteriösen Schönheit und Heiligkeit.

Wenn Diane und ich am Strand spazieren gehen, lassen wir den Lärm und die Hektik der Alltagswelt hinter uns und konzentrieren uns auf die Dinge, die uns an unsere Verbundenheit mit dem Universum erinnern. Dann ist es, als ob sich all unsere Sinne in Harmonie mit dem Licht und der Schönheit befinden, die uns umgibt. Wir sind dann eins miteinander und fühlen die

Präsenz des Geistes. Unsere Fußspuren im Sand erinnern uns daran, dass wir nur in dem Maße im Leben Fortschritte machen, wie wir bereit und imstande sind zu vergeben.

Wenn wir mit dem Rücken zur Sonne spazieren gehen, sehen wir unsere Schatten; wenn wir uns der Sonne zuwenden, fallen sie hinter uns, und wir sehen sie nicht - was uns daran erinnert, uns für das Licht zu entscheiden, egal, wo wir uns befinden.

Die Welt hält viele Ablenkungen bereit, und unsere
Egos sind starrsinnig. Es braucht Konzentration und
Entschlossenheit, die Liebe in den Mittelpunkt des Lebens
zu stellen. Wenn wir an einem Ort leben,
der Geist und Seele nährt, erinnert uns dies an unser
eigentliches Zuhause und daran, wer wir wirklich sind.

Unsere Enkelkinder

— Jerry und Diane —

Oft denken wir daran, wie sehr wir unsere vier Enkelkinder - Jacquelyn, Grant, Jalena und Lexi Jampolsky - lieben und schätzen. Jedes von ihnen ist auf seine Weise für uns ein Segen und ein Lichtblick in unserem Leben.

Die folgenden Zeilen schrieben wir, um unsere Gefühle zum Ausdruck zu bringen und sie unseren Enkelkindern mit all unserer Liebe als "Erinnerungshilfe" mit auf den Weg zu geben. Diese Zeilen sind Ausdruck unserer fürsorglichen Liebe für sie, und aus diesem Grund wollten wir sie auch mit all den anderen Kindern und Enkelkindern rund um die Welt teilen - und mit dem wunderbaren, unschuldigen Kind, das im Herzen eines jeden Erwachsenen lebt und darauf wartet, dass man sich wieder an es erinnert.

Dies sind die Gedanken, die wir euch als Erinnerung mit auf den Weg geben wollen - von jetzt an bis in alle Ewigkeit.

Denkt daran: Jeder Tag, jeder Moment und jede Sekunde eures Lebens seid ihr Liebe. Dies ist eure wahre Identität und alles, was ihr seid.

Ihr seid all das, was schön ist, und noch viel mehr. Ihr seid jede Rose, jede Tulpe, jede Lilie, jede Orchidee, jede Gardenie - jede Blume.

Ihr seid der Duft aller Pflanzen auf der Welt zu
einem Duft vereint.

Und bitte denkt auch an dies: Zweifelt nie
daran, nicht einmal für eine Sekunde – egal, was
andere euch auch sagen –, dass ihr all das seid,
was schön ist, und noch viel mehr.

Wenn ihr Liebe seid,
seid ihr kostbar und wertvoll.
Ihr seid all das, was über Glanz und Herrlich-
keit noch hinausgeht. Ihr seid das,
was jenseits aller Formen besteht.
Ihr seid der Widerschein des Vollmonds
und der Sterne bei Nacht.
Ihr seid das Licht der Sonne, das die Herzen
aller Menschen erwärmt, wo auch immer
sie sich befinden.

Trefft all eure Lebensentscheidungen auf der
Grundlage von Liebe statt Angst.
Folgt eurem Herzen, und wohin ihr auch geht,
die Liebe wird euch allzeit folgen.

Habt Vertrauen in Liebe und Vergebung.
Glaubt an eure Möglichkeiten, vertraut dem
Unsichtbaren, und ihr werdet nie allzu
weit weg von Zuhause sein.

In der Schule des Lebens ist Liebe wichtiger
als Lesen, Schreiben oder Rechnen.

Liebe ist die Antwort auf jedes Problem,
auf das ihr je stoßen werdet.

Niemand auf der Welt umarmt und liebkost
einen anderen so wundervoll und freimütig, wie
Kinder es tun. Und jeder von uns braucht mehr
Umarmungen und Liebkosungen. Man kann
nicht "zu viel" Liebe schenken. Man kann sich
nicht "zu viel" umarmen und liebkosen.

Werdet zu einem Lehrer der Liebe und der
herzlichen Liebkosung für den Rest eures Lebens,
und euer Herz wird bei jedem eurer
Schritte vor Glück und Freude singen.

Wir kamen ursprünglich voller Liebe,
Freude, Glanz und Unschuld auf die Welt, nur um dann den
schweren Umhang unserer getrennten Wege anzulegen.
Kinder sind wie hell strahlende Lichter, die uns
an etwas erinnern, das wir so oft vergessen:
dass wir in unserem Innersten schuldlos sind.

Meine familiären Wurzeln

— Diane —

Als wir vor einigen Jahren auf Vortragsreise in Europa waren, hatten wir zwischendurch zwei freie Tage – etwas, das bei uns sonst eher die Ausnahme ist. Als wir darüber sprachen, was wir mit diesem kleinen Geschenk anfangen sollten, schlug Jerry vor, dass wir die Insel Sizilien an der Südspitze Italiens besuchen sollten. Da ich nur sehr wenig über die Familien meiner Großeltern väterlicherseits wusste und ich in den USA ältere Onkel und Tanten hatte, die sich ebenfalls Informationen zu unseren familiären Wurzeln wünschten, schlug Jerry vor, dass wir nach Palermo, der Hauptstadt der Insel, fliegen sollten, um etwas über meine familiären Wurzeln in Erfahrung zu bringen.

Obwohl ich in der Schule vier Jahre Latein- und drei Jahre Spanischunterricht gehabt hatte, war mir dieses Wissen doch zum größten Teil entfallen. Mein Versuch, am Flughafen etwas auf Italienisch zu kommunizieren, war ein einziger Reinfall. Kein Mensch verstand, was ich sagte; nur mit Mimik und Gestik konnte ich mich halbwegs verständlich machen. Doch schon kurz darauf erschien ein Engel namens Rosalba und sprach uns in leicht akzentuiertem Englisch an: "Ich werde Ihnen helfen, Ihre Familie ausfindig zu machen. Es wäre mir ein großes Vergnügen." Obwohl wir sie mehrmals finanziell für ihre Dienste entschädigen wollten, lehnte sie dies doch jedes Mal strikt ab. Die nächsten beiden Tage waren wir drei damit beschäftigt, einundneunzig Jahre fragmentarischer Familiengeschichte zu erkunden und mehr Informationen über die Cirinciones zusammenzutragen.

Diejenigen, die den Namen "Cirincione" erstmals hören, sind oft der Ansicht, dass er nur selten vorkomme, doch auf Sizilien tragen Hunderte von Familien diesen Namen, wie wir bei einem Blick ins Telefonbuch der Insel feststellen konnten. Was uns sehr half, war die Tatsache, dass nur neunzehn Familien ihren Namen mit einem "r" statt zweien schrieben. Wir besuchten ein malerisches Bergdorf, und aus dem Wagen heraus sah ich jemanden, der genauso aussah wie mein Vater als junger Mann – so ein bisschen wie Robert De Niro. Nun war ich sehr aufgeregt; vielleicht konnten wir tatsächlich etwas über den Familienstammbaum der Cirinciones herausfinden.

Wir überredeten den Gemeindepfarrer, uns Einblick in die kirchlichen Aufzeichnungen von Geburten, Eheschließungen und Todesfällen zu gewähren. Nach mehreren Stunden Forschungsarbeit fanden wir heraus, dass es drei Ahnenreihen von Cirinciones in diesem Dorf gab, doch ich war mit keiner dieser Linien verwandt. Da italienische Familiennamen von Generation zu Generation weitergegeben werden, war es einfach, die Abstammungslinie zurückzuverfolgen. Im Gegensatz zu den Linien der anderen Dorfbewohner ging meine auf meine Vorfahren Joseph, John und Andrew zurück.

Nachdem wir achtzehn Cirinciones aus dem Telefonbuch angerufen hatten, hatten wir immer noch keine Hinweise auf Familien, von denen Angehörige Anfang des 20. Jahrhunderts in die USA ausgewandert und über *Ellis Island* nach New York City gekommen waren. Unsere letzte Hoffnung, Nummer neunzehn – ein Arzt aus der wunderschönen Küstenstadt Cefalù –, schien uns auch nicht zum Ziel zu führen. Doch kurz bevor wir das Gespräch beenden und auflegen wollten, sagte er: "Als ich einmal in Palermo Essen war, lernte ich eine Frau namens Ellen kennen, der das Restaurant gehörte. Sie sagte mir, dass ein Angehöriger ihrer Familie etwa um 1902 in die USA ausgewandert sei." Er fügte jedoch hinzu, dass diese Familie nach seiner Erinnerung ihren Namen mit zwei "r" statt mit einem geschrieben hätte. Da dies unterm Strich der einzige Hinweis blieb, dem wir folgen konnten, beschlossen wir, diese Restaurantinhaberin zu besuchen.

Ellen war sehr aufgeregt, mich kennenzulernen, denn vor einigen Jahren hatten ihr zwei Cousins aus Kanada und Frankreich unabhängig voneinander unser Buch *Liebe ist die Antwort* zugeschickt. Sie hatten angenommen, wir wären verwandt, wussten aber nicht, wie sie mit mir Kontakt aufnehmen konnten. Sie fügte auch hinzu, dass einige ihrer Familienmitglieder tatsächlich ausgewandert seien, und obwohl sie heute ihren Namen mit zwei "r" schreibe, sei er in der Geburtsurkunde nur mit einem "r" verzeichnet. Bei ihrer Kommunion im Alter von sieben Jahren sei dem Namen dann irrtümlicherweise ein zweites "r" hinzugefügt worden. Da der Name "Cirrincione" bei weitem häufiger vorkommt als der mit nur einem "r" ge-schriebene, hatte sie sich nie die Mühe gemacht, den Irrtum rückgängig zu machen.

Mit einem Gefühl aufkeimender Hoffnung besuchten wir mit ihr zusammen einige ihrer älteren Verwandten, um herauszufinden, ob es irgendwelche Verbindungen gab, doch auch hier landeten wir wieder in einer Sackgasse. Sie sagten uns, dass die meisten Familien, die über *Ellis Island* in die USA ausgewandert wären, zu jener Zeit aus Bagheria, einem Vorort von Palermo, gekommen seien. Da wir noch etwa zwei Stunden Zeit hatten, beschlossen wir, diese reizvolle Stadt am Meer zu besuchen. Ich wusste nicht, wo wir mit unseren Erkundungen beginnen sollten, doch Jerry hatte wieder einmal eine brillante Idee. Er sagte: "Lass uns das älteste Cirincione-Familienmitglied aufsuchen und herausfinden, an was er oder sie sich erinnern kann." Gesagt, getan – und so fanden wir uns kurz danach in einem liebevoll eingerichteten Wohnzimmer einer vierundneunzigjährigen Frau

wieder. Wir versuchten, unsere Familiengeschichten zusammen-
zufügen, konnten aber keine tatsächlichen Verbindungen
feststellen. Nun hatte ich das Gefühl, mit meiner Weisheit
wirklich am Ende zu sein, und mein Herz wurde mir etwas
schwer.

Als wir so im Wohnzimmer der betagten Dame saßen, Tee
schlürften und uns langsam auf die Rückreise zum Flughafen
vorbereiteten, warf ich noch einmal einen flüchtigen Blick auf
die ungewöhnlich hohe Decke des Zimmers. An jeder Wand
hingen zwei Porträts (insgesamt acht) ihrer Verwandten früherer
Generationen. Ich studierte ihre Gesichter, deutete auf eines
und fragte: "Wer ist das?"

Sie antwortete mir, dies sei Dr. Joseph Cirincione, der geistige
Vater der italienischen Augenheilkunde. Sofort spürte ich eine
innere Erregung in mir aufsteigen, denn diesen Namen hatten
wir als Erstes in meinem Familienstammbaum ausfindig machen
können, und dies war auch der Name meines Onkels und meines
Urgroßvaters. Dann zeigte ich auf das Porträt einer Frau und
wollte wissen, wer sie gewesen sei.

"Dies ist Josephina Solerno. Es gab viele Eheschließungen
zwischen den Cirinciones und den Solernos, und einige von
ihnen waren nach Amerika ausgewandert, als die Zeiten hier
äußerst schwierig waren."

Ich sagte: "Meine Großmutter väterlicherseits hieß mit Nach-
namen Solerno, und ihre Tochter, meine Tante, hieß Josephine.
Dies ist meine Familie."

Wir hatten nur noch wenig Zeit, doch die nutzten wir, um
die *Villa Cirincione* und die dort ansässige Familie, die das
Anwesen geerbt hatte, zu besuchen. Die Tochter hieß Kathryn
Cirincione - der Name meiner Großmutter, meiner Cousine
und meiner Schwester. Sie erzählten uns, dass Dr. Joseph
Cirincione, der in Rom gelebt und dort an einer Universität
einen Lehrstuhl innegehabt hatte, sie von Zeit zu Zeit besucht

hätte und dabei jedes Mal einigen ortsansässigen Familien kostenlose Augenuntersuchungen und -behandlungen zukommen ließ. Er war damals für seinen Widerstand gegen den Diktator Mussolini und seine Hilfe für die Armen weithin bekannt gewesen.

Das Familienoberhaupt erzählte uns, dass sein Großvater und seine Brüder in den Kirchen von Palermo gearbeitet hätten, wo sie Gemälde und Buntglasfenster restauriert hatten. Ich wusste nur wenig von meiner Familie, doch mir war bekannt, dass dies auch die berufliche Tätigkeit meines Urgroßvaters gewesen war. Der Patriarch erwähnte auch, dass er im Alter von zwölf Jahren einmal einen Familienstammbaum gesehen hätte – kurz bevor dieser gestohlen worden war –, der die Abstammung der Familie detailliert bis ins Jahr 1594 in Norditalien dokumentierte. Er konnte sich noch genau daran erinnern, dass der erste Name im Stammbaum "Andrea" (Andrew) lautete – der Name meines Bruders und meines Großvaters. Alle Namen dieser Familie und meiner waren identisch. So kam es doch noch zu einer freudigen "Wiederbegegnung" mit meinen Ahnen und deren Nachfahren.

Durch den Sizilienbesuch war ich imstande, nach Hause zurückzukehren und der Familie meines Vaters Informationen zu ihrem Stammbaum zu geben, die ihr bisher gefehlt hatten. Damit konnten wir eine "Lücke" von einundneunzig Jahren in der Ahnentafel schließen und endlich die Frage beantworten, wo wir ursprünglich herkamen. Jerrys Vorschlag, Sizilien zu besuchen, war ein Volltreffer gewesen; er trug reife Früchte, denn endlich wusste ich um die Abstammung meiner Familie väterlicherseits. Zu jener Zeit dachte ich, ich wäre auf der Suche nach meiner physischen Abstammung, meiner Familiengeschichte; doch nun, da die scheinbare Kluft zur Gänze geschlossen ist, sehe ich dies als Teil der Reise heimwärts zu meiner spirituellen Quelle an.

Unsere weltlichen Identitäten können viele Gesichter haben,
doch letzten Endes ist es die Suche nach
unserem wahren Selbst, die uns nach Hause führt.

Ein leeres Blatt Papier

— Diane —

Die meiste Zeit meines Lebens hielt ich mich nicht für sonderlich künstlerisch talentiert. Ich hatte mir zwar einige Fähigkeiten angeeignet - zum Beispiel im Bereich Modedesign -, doch im Bereich der bildenden Künste, etwa was Zeichnen, Malerei und Bildhauerei anging, fühlte ich mich in meinem Ausdruck eingeschränkt, auch wenn ich mich nie ernsthaft mit diesen künstlerischen Aktivitäten befasst hatte.

Ich hatte für mich erkannt, dass das jüngere Kind in einer Familie sich oft in Bereichen minderwertig fühlt, in denen ältere Geschwister sich hervortun - selbst wenn es keinen offensichtlichen Grund für dieses Gefühl gibt. Das Ego zieht den Schluss: "Er / sie ist so künstlerisch begabt / klug / sportlich / gut in ..., dass ich es deshalb nicht sein kann." Dies hat jedoch nur selten etwas mit den älteren Geschwistern zu tun; es handelt sich dabei vielmehr um einen unbewussten Prozess, der sich im Inneren des jüngeren Geschwisterteils abspielt. Manche jüngeren Geschwister beginnen dann, mit den Älteren zu wetteifern und sie oft sogar zu übertreffen, während andere jüngere Geschwister die scheinbare Tatsache akzeptieren, ihren älteren Brüdern und Schwestern unterlegen zu sein, ohne etwas dagegen tun zu können. Im Bereich Kunst traf Letzteres auf mich zu ...

Mein Mangel an künstlerischem Vertrauen in mich selbst äußerte sich darin, dass ich endlos an meinen Kreationen herumfeilte, weil ich nie das Gefühl hatte, etwas sei wirklich gut genug, um es als "gelungenen Abschluss" zu bezeichnen. Die kritische Stimme in meinem Kopf wurde nicht müde, mir zu sagen: "Wenn du noch dies oder jenes tust / änderst / hinzufügst, wird das Ganze noch besser." Ich trieb dies bis zum Extrem, und statt meine künstlerischen Werke irgendjemandem zu zeigen, zerstörte ich sie alle - ausnahmslos.

Als ich Anfang dreißig war, lebte ich in einem kleinen Häuschen auf einer Anhöhe, von der aus ich einen herrlichen Blick über die San Francisco Bay hatte. Dort hatte ich mir einen kleinen Arbeitsraum eingerichtet: Es war ein altes Gartenhäuschen mit etwa fünfzig Quadratmeter Fläche und Glaswänden, umgeben von riesigen Redwood-Bäumen - und ich liebte diesen Flecken Erde. Hier war es, wo ich eine Art "gedankliche Entziehungskur" begann, um meine Einstellung zu meinen künstlerischen Fähigkeiten zu heilen.

Ich machte mich daran, etwas aus Ton bildhauerisch zu gestalten - wobei ich mich dazu verpflichtete, dies in einem Arbeitsgang zu tun, es auf keinen Fall zu überarbeiten und es in meinem Zuhause so auszustellen, dass Besucher es nicht übersehen konnten. Einerseits war dies für mich beängstigend; andererseits spürte ich ein mir bis dahin nicht vertrautes Gefühl von Erleichterung, da ich schon im Voraus einige Rahmenbedingungen aufgestellt hatte. Als ich mit meinen Händen den Ton vorbereitete, hatte ich noch keine konkrete Idee, was ich hervorbringen wollte, war aber sehr neugierig, was sich aus diesem Ansatz ergeben würde. Als ich da so auf meinem Stuhl saß und um innere Weisung bat, ging ich tief in mich, und mit noch geschlossenen Augen begannen meine Hände sich zu bewegen, so als ob sie ein Teil des Tons werden wollten.

Als ich langsam meine Augen öffnete, um zu sehen, was sich ergeben hatte, waren meine Hände immer noch in engem Kontakt mit den Ton. Vor mir sah ich die Figur einer unbekleideten Frau, die auf dem Rücken lag und sich über einem Felsen ausstreckte. Sie war ein Opfer, und sie war tot. Verblüfft über das, was ich sah, offenbarte sich mir die Bedeutung des Ganzen jedoch sofort, und ich sagte laut: "Das Opfer ist tot. Ich bin diese Frau, und das Opfer in mir ist nun gestorben." Kaum sagte ich dies, begann ich gleichzeitig zu lachen und zu weinen über das Geschenk der Freiheit von einer Opferhaltung, das ich mir selbst soeben gemacht hatte ...

Jahre später folgten Jerry und ich einer Einladung unserer besten Freunde, Andrea Smith und ihrem Sohn Matthew - beide erfolgreiche Künstler -, ihr Atelier in Lahaina auf der Hawaiiinsel Maui zu benutzen. Sie stellten uns ihre eigenen Farben, Leinwände und Staffeleien zu unserem puren Vergnügen zur Verfügung. Obwohl wir darauf brannten, sofort loszulegen und uns künstlerisch zu betätigen, merkten wir, dass wir beide in gewisser Weise voreingenommen waren, was unsere Fähigkeit, etwas "künstlerisch wirklich Wertvolles" zu erschaffen, betraf. Da erinnerte ich mich an meine tiefgreifende Erfahrung bei der Arbeit mit dem Ton, und ich schlug vor, dass wir dieselben Rahmenbedingungen schaffen und folglich unsere Werke auch rahmen und ausstellen würden, egal, wie die Ergebnisse unserer unbearbeiteten Werke ausfallen würden.

Genau dies taten wir - auch mit regem Zuspruch von Andrea und Matthew. Der entscheidende Wendepunkt für uns war, als Andrea uns mitteilte, dass sie die Erfahrung gemacht hätte, dass die meisten Menschen nur deshalb blockiert seien, wenn es um den künstlerischen Ausdruck gehe, da es so viele scheinbar unumstößliche Regeln gebe hinsichtlich dessen, was gute und schlechte Kunst ausmache. "Es ist erstaunlich, wie viele Regeln aufgestellt wurden, um ein einfaches weißes Blatt Papier zu füllen", fasste sie ihre Beobachtung zusammen. Diese Sichtweise half uns dabei, Bilder und Plastiken anzufertigen, von denen einige sogar in Bronze gegossen wurden.

Kreativität ist ein Geisteszustand, der in einer schier
endlosen Vielzahl von Möglichkeiten zum Ausdruck
gebracht werden kann. Jeder von uns ist künstlerisch
begabt, doch nur allzu oft blockieren wir unseren
einzigartigen künstlerischen Selbstausdruck durch
unsere Ängste und angeblichen Unzulänglichkeiten.
Wenn wir uns von diesen künstlichen Beschränkungen
befreien, kann uns dies helfen, die Stufen des
Wachstums auf unserer spirituellen Reise zu bestimmen
und ihnen eine bildhafte Form zu geben.

Averys ansteckende Lebenslust

— Jerry —

Als wir einmal Dianes Verwandte an der Ostküste der USA besuchten, machten wir zwischendurch mit Avery, ihrem vier Jahre alten Großneffen, einen Spaziergang.

Avery ist ein äußerst lebendiges und lebensbejahendes Kind, dessen "innere Batterie" immer bis zum Maximum geladen ist, und in der Zeit, in der wir mit ihm zusammen waren, ging ihm nie der "Saft" aus. Seine leuchtenden Augen verrieten, dass er alles um sich herum mit Faszination betrachtete und in allem das Schöne sehen konnte. Er war so glücklich, am Leben zu sein, dass jede Pore seines Körpers zu singen schien: "Was für ein großartiger und wunderschöner Tag das heute ist!" Im Gegensatz zu uns beiden trug er bei unserem Spaziergang durch die Natur keine Armbanduhr, und oft hielt er an, um etwas genauer zu betrachten, oder er schlenderte mal hier, mal dort hin - wo immer ihn sein Interesse hinführte. So etwas wie Hast kannte er überhaupt nicht; für ihn gab es nichts anderes, als einfach den Moment, das Hier und Jetzt, zu genießen.

Den ganzen Spaziergang lang funkelten und leuchteten Averys Augen, und sein breites Lächeln verschwand nie von seinem Gesicht. Er begegnete allem, was er sah, mit Begeisterung, so als ob es jedes Mal eine völlig neue Erfahrung wäre. In der Zeit, in der wir mit ihm zusammen waren, schien es für ihn weder Vergangenheit noch Zukunft zu geben; er ging völlig in der Gegenwart auf. Er strahlte Spannung, Aufgeregtheit und Freude darüber aus, wie wundervoll es allein schon war, nur zu atmen. An einem Punkt auf unserem Weg kniete er nieder, um eine bestimmte Pflanze genauer zu untersuchen, und er betrachtete sie lange und gründlich, so als ob er sie in sich aufsaugen und einen "Herzabdruck" von ihr anfertigen wollte. Dann grub er sie vorsichtig aus dem Boden aus, roch an ihr, prüfte ihren Geschmack und gab sie uns, wobei er mit der ganzen Leidenschaft und Hingabe seines kleinen Wesens zu uns sagte: "Ist das nicht das Allerschönste, was ihr je gesehen habt?"

Spirituelle Lehrer können jung oder alt, klein oder groß sein. Kleine Kinder erinnern uns daran, jedem Moment des Lebens mit Hingabe, Leidenschaft und Dankbarkeit zu begegnen und uns immer wieder vor Augen zu halten, dass die Gegenwart die einzige Zeit ist, in der wir bewusst leben können. Im Gegensatz dazu durchs Leben zu hetzen und einer Zukunft nachzujagen, die wir nie einholen können, oder etwas in der Vergangenheit Liegendes zu bereuen, das hinter uns liegt und nicht mehr rückgängig gemacht werden kann, führt dazu, dass wir den Kontakt mit dem Hier und Jetzt verlieren – der wichtigsten Zeit unseres Lebens.

Tu es trotzdem!

— Diane —

Eines der großen Geschenke in meinem Leben ist, dass viele Menschen, die ich als Kind und Heranwachsende kennengelernt habe, immer noch Teil meines Lebens sind (und es war nicht so, dass wir alle in derselben Stadt aufgewachsen sind und dort geblieben wären).

Zu meiner Schulzeit lebte ich östlich von New York City in einem etwas weiter abgelegenen Ort auf Long Island. Meine Klassenkameraden kamen mit dem Zug, dem Bus und als Fahrgemeinschaft mit dem Auto aus einem Umkreis von nahezu einhundert Kilometern zur Schule. Seit nunmehr vierzig Jahren feiern wir unsere Wiedersehenstreffen, und seit dieser Zeit haben die meisten von uns untereinander Kontakt gehalten.

Ich glaube, dass die Seelen der Menschen auf einer gewissen Ebene miteinander verbunden sind, und wenn wir uns dieser Tatsache öffnen, können zwei Menschen ohne physischen, optischen oder akustischen Kontakt miteinander in Kommunikation treten. Dies war mir noch nie so klar wie am Abend meines Geburtstags im Jahre 2005. Mitten in der Nacht wachte ich plötzlich auf - was sehr ungewöhnlich für mich ist - und beschloss, an meinem Computer zu arbeiten. Als ich gerade eine E-Mail von ehemaligen Klassenkameraden las, erschien vor meinem geistigen Auge plötzlich das klare und deutliche Bild eines Jungen, den ich aus der Grundschule kannte. Ich hatte ihn seit unserem Schulabschluss nicht mehr gesehen - und doch hatte ich in jenem Moment ein überraschend lebendiges und plastisches Bild von ihm vor meinen Augen.

Ich erinnere mich an ihn und die Zeit, als ich ungefähr zehn oder elf Jahre alt war: Er war von großer Statur, intelligent, hatte ein ruhiges und zuvorkommendes Wesen und strahlte Güte, Achtsamkeit und Mitgefühl aus. Schon in diesem Alter wusste ich, was für ein besonderer Mensch er war.

Eine Stimme in mir forderte mich auf, ihm eine E-Mail zu schreiben und ihn wissen zu lassen, wie ich ihn und sein freundliches Wesen damals erlebt hatte. Mein Ego versuchte zwar, diesen Gedanken als "lächerlich" beiseitezuschieben, doch die Stimme in mir ließ nicht locker. Und in den letzten Jahren hatte ich für mich festgestellt, welche Kräfte es in mir freisetzt, wenn ich meiner Intuition folge – selbst wenn es scheinbar "keinen Sinn" ergibt. Also suchte ich nach seiner E-Mail-Adresse, fand sie im Verzeichnis der Ehemaligen unserer Schule – und beschloss, ihm trotz allem zu schreiben. Es war eine kurze Mail, doch ich brachte in ihr zum Ausdruck, wie sehr ich ihn und sein Wesen schätzte.

"Du warst damals in der Schule für mich ein sehr liebevoller, aufmerksamer und rücksichtsvoller Freund. Es gibt Situationen und Menschen, die vergisst man nie – und du bist für mich einer von ihnen." Ich schloss meine Mail mit der Anmerkung, dass ich ihn dies einfach nur wissen lassen wollte und schaltete meinen Computer wieder ab.

Einige Wochen später schrieb er mir zurück: "Ich hätte schon viel früher auf deine E-Mail vom 2. Februar geantwortet, wenn der Tod meiner geliebten Frau nicht dazwischengekommen wäre. Jean ist am Morgen des 3. Februar plötzlich verschieden. Sie war fünfundfünfzig Jahre alt, und wir planten, am 4. April dieses Jahres unseren fünfunddreißigsten Hochzeitstag zu feiern."

Ich war fassungslos. Wir schrieben uns weiterhin und blieben in Kontakt. Natürlich interessierte es mich, ob andere ehemalige

Klassenkameraden vom Tod seiner Frau wussten, doch als ich von niemandem etwas in dieser Richtung hörte, beschloss ich, es auf sich beruhen zu lassen und die Entscheidung, es anderen mitzuteilen, ihm zu überlassen.

Einige Monate vergingen, bis eine innere Stimme mir sagte, es sei Zeit, einigen ehemaligen männlichen Mitschülern die Gelegenheit zu geben, mit unserem alten Freund in Kontakt zu treten und ihm Zuspruch und Unterstützung zu geben. Ich schrieb ihnen und auch einer ehemaligen Mitschülerin, die zu jener Zeit ihre Mutter pflegte, die nach einer langen und schweren Alzheimer-Erkrankung kurz vor dem Ableben stand. Sie kannten sich von damals aus der Schule nicht näher, doch sie schrieb ihm, um ihn in dieser schweren Zeit zu unterstützen, und er tröstete sie über den Tod ihrer Mutter hinweg. Später wurden sie gute Freunde und verliebten sich sogar ineinander.

Wann immer ich Zweifel hege, meiner inneren Stimme zu folgen, erinnere ich mich an diese beiden ehemaligen Mitschüler; sie hätten wohl nie zueinandergefunden, wenn ich auf die Vorbehalte meines Egos eingegangen wäre.

Wir alle sind Musiker in einem himmlischen Orchester; jeder von uns trägt seinen kleinen Teil zur großen Symphonie bei.
Doch wenn wir der Angst erliegen
— und unsere Rolle in diesem Orchester anzweifeln —,
werden wir uns nie gestatten mitzuspielen.

Im Iran

— Jerry und Diane —

Im Jahre 1994 folgten wir einer Einladung des Chefs der Onkologie-Abteilung von Teherans größtem Krankenhaus, Vorträge im Iran zu halten – ein Land, das bekanntermaßen keine direkten diplomatischen Kontakte zu den USA unterhält. Uns war klar, dass wir in diesem Land sofort inhaftiert werden konnten, wenn wir – wenn auch nur unbewusst – etwas Falsches von uns geben würden. Doch trotz dieser Umstände erhielten sowohl Jerry als auch ich die klare innere Weisung, der Einladung zu folgen und keine Ängste aufkommen zu lassen. Viele Freunde und Verwandte versuchten jedoch, uns von unserem Vorhaben abzubringen, weil es ihrer Ansicht nach nicht nur äußerst gefährlich wäre; es war überdies auch hinreichend bekannt, dass die iranische Regierung starke Ressentiments gegen Amerika und Amerikaner hegte.

Gegen drei Uhr nachmittags kamen wir in unserem Hotel an und bemerkten sofort ein riesiges, unübersehbares Transparent am Haus gegenüber mit der Aufschrift *"Nieder mit den Amerikanern!"* Der Nachtportier sagte uns, dass wir seit Jahren die ersten Amerikaner seien, die im Hotel abgestiegen seien, doch er behandelte uns äußerst freundlich und ließ uns fühlen, dass wir durchaus willkommen waren. Tatsächlich schien es so, als ob die meisten Menschen, die wir vor Ort trafen, Verwandte in den USA hatten, und sie alle hießen uns willkommen.

Unseren ersten Vortrag hielten wir auf Englisch in einem mit fünfhundert Menschen bis auf den letzten Platz gefüllten

Auditorium; viele Zuhörer, die keinen Sitzplatz mehr hatten ergattern können, standen sogar im hinteren Teil des Saals. Die Frauen saßen auf der einen und die Männer auf der anderen Seite des Mittelgangs. Kurz bevor wir begannen, kam unsere Übersetzerin auf uns zu und deutete auf einen großen Mann mit einem schwarzen Turban. Sie sagte uns, dies sei ein Regierungsvertreter, und er würde sorgfältig zuhören und sich zu allem, was wir von uns geben würden, ausführliche Notizen machen. Sie fügte noch hinzu: "Seien Sie bitte sehr vorsichtig mit dem, was Sie sagen – dieser Mann wird seinen Vorgesetzten in der Regierung detailliert Bericht erstatten über Ihren Vortrag und dessen Inhalt ..."

Als wir unseren Vortrag begannen, merkten wir an der Atmosphäre im Raum, wie sehr den Zuhörern unsere Ausführungen gefielen. Doch der Regierungsvertreter, der etwas abseits von der Bühne stand, runzelte oft die Stirn, blickte finster drein und machte sich unablässig Notizen. Jerry und ich stellten fast gleichzeitig fest, dass wir beide begannen, eine gewisse Angst zu spüren, dass wir am Ende vielleicht im Gefängnis landen würden. Die Prinzipien des *Attitudinal Healing*, über die wir gerade referierten, schienen auf einmal *für uns selbst* keine Gültigkeit mehr zu haben! Doch schon wenige Minuten, nachdem wir diese Angst gespürt hatten, war es, als ob wir beide dieselbe innere Entscheidung getroffen hatten: nämlich zurückzukehren zu dem Prinzip, dass es eigentlich nur zwei Emotionen gibt – Liebe und Angst. Somit hatten wir die Wahl: Wir konnten diesen Mann als ein liebevolles Wesen sehen – oder als eine Bedrohung. Da er nicht unbedingt liebevoll dreinblickte, sahen wir ihn zunächst als Letzteres. Doch nun nahmen wir ihn nicht mehr so sehr als jemanden wahr, der es darauf angelegt hatte, uns anzugreifen, sondern als jemanden, der innerlich ängstlich war und sich eigentlich nach Liebe sehnte.

Die gesamte verbleibende Zeit unseres Vortrags über schickten wir ihm liebevolle Gedanken, was es uns gestattete, in einer ruhigen, friedvollen Geistesverfassung fortzufahren und im Anschluss an den Vortrag auch noch Fragen aus dem Publikum zu beantworten. Obwohl wir uns dabei recht gelassen fühlten, blickte der Mann mit dem schwarzen Turban weiterhin finster drein und machte sich eifrig Notizen.

Als der Vortrag vorbei war, gab der Veranstaltungsleiter eine zehnminütige Zusammenfassung unseres Vortrags auf Farsi, der am häufigsten gesprochenen Sprache im Iran. Kurz danach kam dann der Regierungsvertreter mit seinem eigenen Übersetzer auf uns zu. Nun war sein Blick auf einmal freundlich und wohlwollend, und er lächelte sogar. Durch seinen Übersetzer ließ er uns wissen, dass er uns etwas gestehen müsse: Er verstehe tatsächlich kein einziges Wort Englisch. Doch nachdem er sich die Zusammenfassung unseres Vortrags auf Farsi angehört hatte, war er über das, was wir den Zuhörern zu sagen hatten, sehr erfreut. Er erklärte sich sogar bereit, für uns weitere Vorträge in der uns noch verbleibenden Zeit im Iran zu organisieren! Und zu guter Letzt bat er uns sogar noch um ein gemeinsames Foto mit ihm!

Wenn wir unsere eigenen Ängste auf andere projizieren,
erschaffen wir in unserem Umfeld beängstigende Bilder –
und das ist dann das, was wir sehen. Doch der Schein
kann trügen und tut dies auch oft. Ein ruhiger und liebevoller
Geist blickt hinter den Schleier auf das Einssein aller
Menschen; wir erkennen sie als unsere Brüder und
Schwestern. Mit dieser Geisteshaltung haben wir
einen klareren Blick auf die Situation vor uns, denn unsere
Wahrnehmung enthält nun spirituelle Wahrheit.

Tonga — Paradies der Einfachheit

— Jerry und Diane —

Die Tonga-Inseln, früher auch Freundschafts-Inseln genannt, sind ein Archipel im Südpazifik zwischen Hawaii and Neuseeland, der 169 Inseln umfasst, von denen nur 36 bewohnt sind! Vor einigen Jahren folgten wir der Einladung einer Frau, mit der wir auf *Tongatapu*, der größten Insel des Archipels, zusammenarbeiteten. Sie war im Begriff, ihre Mutter zu besuchen, die auf einer etwas weiter entfernten Insel lebte, und lud uns ein, sie zu begleiten. Wir nahmen die Einladung an, und dies stellte sich als kluge Entscheidung heraus, denn auf unserer Reise lernten wir einige wertvolle spirituelle Lektionen.

Nach unserem westlichen Lebensstandard waren die Verwandten dieser Frau extrem arm, doch unabhängig davon waren sie reich an etwas ganz anderem, nämlich Spiritualität und Liebe. *Tey*, die Mutter unserer Freundin, hatte offensichtlich schon Vorkehrungen für unseren Besuch getroffen, denn sie hatte eine erstaunliche Menge an Speisen zubereitet und aufgetischt. Die Gastfreundschaft, Wärme und Liebenswürdigkeit ihrer Familie wäre wohl nur schwer zu übertreffen gewesen.

Im Gespräch mit ihr erfuhren wir, dass sich alle Menschen auf dieser kleinen Insel als eine große Familie sehen. Wenn sich jemand verletzt hat oder sonstwie Hilfe braucht, wird er oder sie von den anderen Inselbewohnern so behandelt, als wäre er ein Blutsverwandter. So etwas wie Diebstahl oder Raub gibt es unter diesen Menschen nicht, denn wenn jemand etwas braucht, erhält er es von den anderen. Ebenso wenig gibt es irgendwelche Polizei- oder andere Sicherheitskräfte. Was uns auch beeindruckte, war das Verhältnis dieser Menschen zu der sie umgebenden Natur; alles wurde von ihnen mit Liebe und Respekt behandelt.

Auf der Insel gab es ein öffentliches Telefon, das allerdings schon drei Jahre vor unserem Besuch kaputtgegangen war – und in der ganzen Zeit hatte niemand sich die Mühe gemacht, es zu reparieren. Wir kamen uns vor wie im Paradies: kein Telefon, kein Fax, und niemand schien es eilig zu haben. Immer wieder waren wir erstaunt, wie glücklich alle Menschen waren; sie pflegten einen einfachen Lebensstil, doch halfen und unterstützten sie sich gegenseitig mit viel Liebe, Hingabe und Fürsorge.

Als wir nach Hause zurückgekehrt waren, beschlossen wir, Mittel und Wege zu finden, wie wir Einfachheit und Balance in unser Leben bringen könnten. Seit unserem Besuch auf Tonga waren wir den dort lebenden Menschen immer wieder dankbar dafür, dass sie uns eine wichtige spirituelle Lektion gelehrt haben: Es ist möglich, als eine große spirituelle Familie zu leben, wenn jedes Mitglied der Gemeinschaft die anderen so behandelt, wie er oder sie selbst behandelt werden möchte.

Stellen Sie sich ein Leben vor, das
ausschließlich auf Liebe und Akzeptanz beruht –
ein Leben von solcher Einfachheit, dass
es nur sehr wenig gäbe, was uns davon
abhalten würde, dem Weg des Herzens zu folgen
und unsere Werte entsprechend auszurichten.
Viele Menschen setzen "beschäftigt sein" mit
"wichtig sein" gleich – doch wäre unser Leben

nicht reicher an erhebenden Erfahrungen,
wenn wir Liebe, Hingabe und Zuwendung einen
höheren Wert beimessen würden als Gewinnstreben,
Erfolg und Konkurrenzkampf?

Panik im Opernhaus

— Diane —

Eines der ersten Male, bei denen Jerry und ich gemeinsam einen Vortrag hielten, war im Opernhaus von Seattle. Wir befanden uns noch hinter der Bühne und warteten darauf, angekündigt zu werden. Jerry lugte durch ein Guckloch im Vorhang in den Saal. "Wow", entfuhr es ihm, "das Haus ist brechend voll."

Irgendwie musste ihn dies nervös gemacht haben, denn plötzlich spürte er einen unwiderstehlich starken Harndrang. Obwohl wir wussten, dass wir in nur wenigen Minuten vom Veranstalter angekündigt und auf die Bühne gehen würden, musste er doch noch schnell das Örtchen aufsuchen. Er fragte einen Bühnenarbeiter, wo die Toiletten seien, und eilte davon. Später erzählte er mir, er sei so schnell gelaufen, wie er konnte, doch auf dem Weg zurück stellte er fest, dass er die falsche Tür gewählt und sich in einem benachbarten Gebäude wiedergefunden hatte. Er musste also erst seinen Weg zurück zur Toilette und von dort aus die richtige Tür finden, bevor er wieder zur Bühne zurückgelangen konnte. Er traf ein, just bevor wir angekündigt wurden.

In der Zwischenzeit hatte ich meine eigenen Ängste durchzustehen. Wir hatten bis dahin nur wenige Male gemeinsam Vorträge gehalten, und ich wusste, dass die meisten Menschen eigentlich kamen, um Jerry zu hören. Meine Angst schlug schon bald um in rasende Wut. Ich sagte zu mir selbst: "Dafür werde ich Jerry nie vergeben!" Dann begann ich, vor meinem geistigen Auge durchzuspielen, was geschehen würde, wenn er nicht rechtzeitig zurückkäme, der Vorhang aufginge und ich ganz allein auf der Bühne stünde. Ich beschloss, den Anwesenden die Wahrheit zu sagen: "Tut mir leid, aber Jerry musste noch einmal schnell austreten und wird gleich zurück sein."

Als der Veranstaltungsleiter vor dem Bühnenvorhang begann, uns vorzustellen, konnte er natürlich nicht sehen, dass Jerry noch gar nicht auf der Bühne war. Er war noch nicht ganz fertig damit, uns vorzustellen, als Jerry buchstäblich im letzten Augenblick über die Bühne hetzte und neben mir ankam. Der Vorhang öffnete sich, und wir begannen unseren Vortrag mit dem Titel *Vergebung ist der Schlüssel zum Glück!*

Während wir so auf der Bühne standen, wurde mir schlagartig bewusst, dass wir über Vergebung sprachen, ich jedoch nur Sekunden zuvor noch den Gedanken gehegt hatte, Jerry - der sich wegen dieses Anlasses schon zur Genüge selbst verurteilt hatte - "nie" zu vergeben! An diesem Abend erkannten wir mehr als an jedem anderen die Wahrheit des Spruchs "Du lehrst, was du lernen musst" ...

Wenn wir Ruhe im Geist und Freude im Herzen erlangen wollen, ist es wichtig, sich des Egos bewusst zu sein. Vergebung verlangt von uns, einen ehrlichen Blick auf unsere Gedanken und Gefühle zu werfen und zu erkennen, wie zerstörerisch negative Urteile und negative Emotionen wie Hass oder Wut sind. Bevor wir das Licht einschalten, müssen wir erkennen, dass es dunkel ist.

Eine neue Einkaufs-"Strategie"

— Jerry —

Eine der mir am wenigsten zusagenden Tätigkeiten war gewöhnlich das Erledigen von Einkäufen - egal, ob allein oder mit Diane. Wenn ich allein unterwegs war, konnte ich wenigstens in den Laden hineinlaufen, kaufen, was ich brauchte - und dann gleich wieder hinausgehen. Es ist nicht etwa so, als ob Diane mich häufig bittet, mit ihr einkaufen zu gehen - was gewöhnlich nur an ihrem Geburtstag und zu Weihnachten vorkommt. Doch beim gemeinsamen Einkaufen war mein Problem, dass ich nach etwa einer halben Stunde "kribbelig" wurde, mich langweilte und mir wünschte, woanders zu sein.

Vor einigen Jahren fand ich dann eine neue Methode, das Thema "Einkäufe" anzugehen. Bei meiner morgendlichen Meditation sagte mir eine innere Stimme, dass ich beim nächsten Einkaufsbummel Notizblock und Stift mitnehmen und im Laden einen Platz finden sollte, wo ich Gedichte schreiben und mich dem kreativen Geist nahe fühlen konnte.

Wenn ich jetzt mit Diane einkaufen gehe, bin ich genau dort, wo ich sein will - glücklich, entspannt und mit grenzenloser Geduld. Ich schaue nicht einmal mehr auf die Uhr. Mitunter zeigt mir Diane in der Anprobe sogar, was sie beabsichtigt zu kaufen, und fragt mich nach meiner Meinung - und ich bin glücklich und zufrieden.

Einige Monate nach Entwicklung meiner neuen Einkaufs-"Strategie" war Diane mit ihrer Mutter auf Einkaufstour.

Irgendetwas zog sie von der Abteilung, in der sich die beiden gerade aufhielten, hinüber zu einer anderen – ohne wirklich zu wissen, warum. Beim Betreten der anderen Abteilung bemerkte sie einen jungen Mann, der auf einem Stuhl saß und zornig erregt dreinblickte, während seine Frau sich hastig und nervös durch einen Ständer mit Kleidungsstücken wühlte.

Diane ging auf ihn zu, schaute ihn mit einem mitfühlenden Lächeln an und sagte leise: "Ist schon hart, was?"

Ohne zu zögern flüsterte der Mann: "Ich hasse es. Ich halt's hier nicht aus."

Diane sagte ihm daraufhin, dass ihr Mann früher ähnlich reagiert hätte – er wäre ständig ungeduldig gewesen und hätte sich meistens am liebsten an einen anderen Ort gewünscht. Der junge Mann hörte das "früher" in Dianes Ausführungen heraus und fragte sie, wie ihr Mann es geschafft hätte, seine Ungeduld und Aggressionen in den Griff zu bekommen.

Diane antwortete ihm, dass ich eine bewusste Entscheidung getroffen hatte, meine Einstellung zu ändern: Statt ungeduldig herumzudrängeln, würde ich mir nun im Laden, wo wir gerade einkaufen, einen ruhigen Platz suchen und ihr Liebesgedichte schreiben. Kurz bevor wir dann den Laden verlassen, würde sich Diane neben mich setzen, und ich würde ihr das gerade geschriebene Gedicht vorlesen. Als Folge davon würden wir den Laden mit mehr Liebesgefühlen füreinander verlassen als beim Betreten desselben.

Daraufhin setzte sich der junge Mann aufrecht hin, und mit einem hoffnungsvollen Lächeln rief er zu seiner Frau hinüber: "Liebling, hast du was zu schreiben?"

Am 14. Februar 2005 luden wir Freunde und Bekannte zu einem Valentinstag-Dinner in unser Domizil in Kailua auf Oahu ein. Diane schlug vor, dass jeder von uns mit den anderen Anwesenden besondere Erfahrungen in den Beziehungen zu unseren Partnern teilen sollte. An jenem Abend las ich einige Zeilen vor, die ich einige Jahre zuvor bei einem Einkaufsbummel für Diane geschrieben hatte:

Alles an dir
erinnert mich an Gott:
die Liebe, die du mir schenkst,
wachsend immerfort,
ohn' Unterlass,
größer und stärker mit jedem Jahr.

Egal, wie mein Gemüt gestimmt,
lässt du nicht nach, mich mit Liebe zu umhüllen.
Du nimmst mich so, wie ich bin,
ich kann es in deinen Augen lesen.
Du schenkst mir Sicherheit, Geborgenheit,
ich kann es in deiner Stimme hören
und in deinen Armen spüren.

Ein Engel bist du für mich,
von Gott gesandt,
als immerwährendes Andenken
an Seine allumfassende Liebe.

Du bist der frische Lufthauch
des Frühjahrs
und ein Spiegel
der Schönheit der Natur.

Du bist der süßeste Klang
im Universum;
immerfort erinnerst du mich
daran, wer und was ich bin.

Du öffnest mein Herz,
so dass meine Liebe für dich und Gott
derselben Natur ist;
du bist für mich eine Lehrerin
der Liebe und Geduld,
frei von Wert und Urteil,
und so darf ich erfahren,
was Liebe und Dankbarkeit
wirklich sind.

Du hast mir geholfen,
die Kraft eines
heiligen, geweihten Bundes
zu erfahren,
in dem Gott an erster Stelle
in unserer Beziehung steht.

Ich liebe dich, Diane,
so wie ich Gott liebe –
voll und ganz,
bis in alle Ewigkeit ...

Von ganzem Herzen,
jetzt,
allzeit,
für immer und ewig.

Danke, Diane,
danke dafür, dass es dich gibt.

Jerry

Eine Situation muss nicht unbedingt perfekt sein,
um in ihr zu Frieden und Freude finden zu können.
Wo auch immer wir uns aufhalten –
Gott ist dort mit uns. Doch wir können
die göttliche Präsenz nicht fühlen, wenn wir
durch die herrschenden Umstände Zorn, Ungeduld,
Voreingenommenheit oder Verdruss in uns fühlen.

Als ich es zum ersten Mal wusste

— Diane —

Ich war etwa dreieinhalb Jahre alt, als ich mit absoluter Gewissheit wusste, dass es noch etwas anderes geben müsse als diese Realität. Ich kann mich zwar nicht mehr daran erinnern, was zwischen damals und heute geschehen ist, doch ich werde nie die Erfahrung vergessen, die ich an jenem Tag gemacht habe.

Es geschah ohne großes Trara oder irgendeinen Einfluss von außen, und ich weiß auch nicht, was es überhaupt herbeigeführt hatte. Ich weiß nur, dass es eine Brücke von der Zeit vor meiner Geburt bis in die Gegenwart schlug. Ich kann mich noch daran erinnern, dass mir sehr bewusst war, was ich dachte und fühlte. Ich schaute auf meine linke Hand und rieb meinen Mittelfinger langsam mit meinem Daumen.

Mich überkam das Gefühl, etwas Grundsätzliches, aber auch Trauriges erkannt zu haben, gefolgt von einer leichten Erregung, und mit lauter Stimme sagte ich zu mir selbst: "Dies ist ein Trick. Dies ist nicht, wer ich wirklich bin." Etwas ungehalten fuhr ich fort: "Irgendjemand hat mich hier hineingesteckt, und ich muss hier für eine lange Zeit drinbleiben." Ein tiefer Seufzer der Resignation entfuhr mir, und ich ging hinaus zum Spielen.

Teil des Mysteriums des Lebens ist, wer wir sind, woher wir kamen und was wir vielleicht vor unserer Geburt auf einer

anderen Ebene gewusst haben. Früher oder später
machen die meisten von uns eine Erfahrung, die
die Möglichkeit aufzeigt, dass wir in Wirklichkeit geistige
Wesen sind, die für eine gewisse Zeit in einem
Körper leben und eine Identität annehmen,
die aber nicht unser wahres Wesen ist.

Meine Legasthenie

— Jerry —

Ich hatte die Vorschulprüfung nicht bestanden und musste sie wiederholen. Als Kind hielt ich mich für dumm und anders als andere Kinder – und da war es auch keine große Hilfe, dass meine Brüder gute Schüler waren, die alles leicht und schnell lernten.

Beim Lesen und Buchstabieren hatte ich mit ungeheuren Schwierigkeiten zu kämpfen, was zur Folge hatte, dass ich fast immer einer der schlechtesten Schüler in meiner Klasse war. An meiner Schule war es üblich, die "dummen" Schüler in die vordersten Reihen zu setzen, und so wusste ich jederzeit, wo ich Platz zu nehmen hatte. Diese vordersten Reihen waren sozusagen das Zuhause, in dem ich nicht sein wollte; es fühlte sich an, als ob ich in einem tiefen Loch säße, aus dem ich nicht herausklettern konnte.

Als kleiner Junge dachte ich, dass man in dem Maße von Eltern und Lehrern geliebt wird, wie die eigenen Schulnoten gut oder schlecht ausfallen. Viele Jahre lang nahm ich für mich eine Opferrolle an und blieb schließlich in ihr stecken. Meine schlechten Noten und immensen Lernschwierigkeiten hatten mich zu der Auffassung gebracht, ich sei nicht liebenswert. Ich gab sogar Gott die Schuld für meine Schwierigkeiten.

Aufgrund dieser Umstände war ich schon früh verwirrt über den Weg heimwärts zu Gott – und meine ausgeprägte Legasthenie war dabei alles andere als eine Hilfe; das Wort "God" (Gott) las ich rückwärts, also "dog" (Hund), womit ich in der Klasse für allgemeine Heiterkeit sorgte.

Als Kind war mein Bild von Gott das eines riesigen Mannes mit einem weißen Rauschebart und langem weißem Haar. Ich glaubte, Er würde mich lieben, wenn ich gut wäre - und mich bestrafen und mir Schmerzen zufügen, wenn ich schlecht wäre. Ich verbrachte unglaublich viel Zeit damit, mich vor Gott zu fürchten und auf eine Art von Bestrafung zu warten - wie etwa ein Stein, der aus dem Nichts vom Himmel direkt auf meinen Kopf fallen würde. Leider behielt ich diese Ängste bis ins hohe Erwachsenenalter.

Aufgrund meiner Legasthenie hatte ich immer einen sehr schlechten Orientierungssinn. Wenn mir jemand sagte, ich müsse an der zweiten Ampel rechts abbiegen, kam es oft vor, dass ich nach links fuhr. Als Kind - und selbst als Erwachsener - hatte ich wiederholt das Gefühl, mich auf meiner Lebensreise "verfahren" zu haben und nicht so richtig zu wissen, in welche Richtung es gehen sollte. Oft fand ich mich, wie ich mich im Kreis drehte - sowohl im wörtlichen als auch im übertragenen Sinn.

Die ersten fünfzig Jahre meines Lebens verbrachte ich damit, entweder vor Gott davonzulaufen oder nicht an eine höhere Macht zu glauben. Als ich mich dann mit fünfzig bewusst auf eine spirituelle Reise begab, war es, als ob das Ruder meines Schiffes endlich den Weg heimwärts fand - ein Zuhause, von dem ich heute weiß, dass es ein liebevoller Schöpfer ist.

Für viele von uns sind die Erfahrungen aus der frühen Kindheit prägend; sie bestimmen oft, wie wir die Welt um uns herum deuten. Und für manche von uns wurden sie zu einer bedrohlichen, düsteren Wolke, die uns folgt, wohin wir auch gehen. Oft steckt der Schmerz tief versteckt in uns, doch er ist immer da.

Ich brauchte lange Zeit, um zu erkennen, dass ich für mich einfach beschließen konnte, kein Opfer der Welt, die ich um mich herum sah, mehr zu sein. Im Gegenteil: Jetzt sehe ich meine Legasthenie als einen Segen, der es mir gestattet hat, mich in einer klareren, einfacheren und vor allem leicht verständlichen Sprache auszudrücken – und somit all das Geschwafel und Kauderwelsch zu vermeiden, das einer wirklichen Kommunikation nur im Wege steht. Durch meine eigenen Lernprobleme entwickelte ich natürlich auch mehr Mitgefühl für Kinder mit ebensolchen Problemen – und für deren Eltern.

In gewisser Hinsicht war meine Legasthenie und der Wunsch, mehr über dieses angsterfüllte Kind in mir herauszufinden, meine Motivation, Kinderpsychiater zu werden. Später inspirierte es mich dazu, mich mit anderen Kollegen zusammenzuschließen und eine fachübergreifende Klinik, das *Child Center*, ins Leben zu rufen, das sich der Behandlung und Unterstützung von Kindern mit Lernschwierigkeiten widmete.

Viele Dinge, die zunächst wie Beschränkungen
und Behinderungen aussehen, können sich
im Nachhinein als Segen erweisen.

Nicht gut genug

— Jerry —

Ein großes Hindernis auf meiner spirituellen Reise war, in einem Zuhause aufzuwachsen, das über dem Eingang ein Schild zu haben schien, auf dem die Frage stand: *Bist du heute gut genug?* Die Antwort war in riesigen Buchstaben direkt daruntergeschrieben: *NEIN!*

Als Kind führte ich viele Selbstgespräche. Manchmal waren sie ein leises, sich wiederholendes Mantra wie etwa: "Ich kann nichts richtig machen." Diese ständige negative Rückmeldung bestätigte mich noch in meinem armseligen Selbstbild. Die Folge war, dass ich in Selbstmitleid abglitt und dazu neigte, mich mit anderen zu vergleichen - wobei ich natürlich immer den Kürzeren zog.

In der Vorschule schaffte ich es nicht einmal, ein Glas Wasser zum Lehrerpult zu tragen, ohne etwas davon zu verschütten, oder umherzulaufen, ohne gegen etwas zu stoßen. Ich bestand die Vorschulprüfung nicht, war die gesamte Grundschule hindurch einer der schlechtesten Schüler und auch im Sport war ich nicht gut genug. Beim Baseball war ich grundsätzlich der Letzte, der in ein Team aufgenommen wurde. Ich wollte aussehen wie Charles Atlas, ein muskulöser Mitschüler, den zahllose Mädchen bewunderten. Ich glaubte, dass jeder, der mich auch nur ansah, sofort wusste, dass ich nicht gut genug war - für gar nichts. Diese Ansicht über mich selbst vertrat ich lange Zeit in meinem Leben.

Im Jahre 1949, als ich in Boston als Praktikant arbeitete, hatte ich dann ein Aha-Erlebnis. Mein unbeholfenes und tollpatschiges

Verhalten aus Kindheitszeiten setzte sich in meinem Erwachsenenleben fort, und mir graute schon vor dem bevorstehenden Turnuswechsel in der chirurgischen Abteilung. Doch der Chefarzt der Chirurgie, Dr. Fishburn, mochte mich sehr und schien vollstes Vertrauen in meine praktischen Fähigkeiten zu setzen. Tatsächlich war ich in jenem Jahr der einzige Praktikant, dem er gestattete, Blinddarm- und Bruchoperationen durchzuführen; allen anderen wurde lediglich erlaubt zu assistieren. Ich stellte fest, dass ich auch geschickt sein konnte, und zu meiner großen Überraschung hatte ich das Potenzial, ein ausgezeichneter Chirurg zu werden.

Dr. Fishburn ermutigte mich denn auch, diese berufliche Karriere einzuschlagen, und war sehr enttäuscht, als er mich nicht davon überzeugen konnte. Doch selbst wenn ich für mich nicht den Beruf eines Chirurgen wählte, so hatte ich hier doch eine wichtige Lektion gelernt: Ich erkannte nun endlich, wie es sich auswirkt, wenn ich an mich selbst, mein wahres Selbst glaubte – im Gegensatz zu meiner alten Selbstwahrnehmung, "für nichts wirklich gut genug" zu sein.

Wenn wir uns selbst als "nicht gut genug" ansehen, behindert dies unser Wachstum in der Gegenwart, die nichts mit der Vergangenheit zu tun hat, und gibt uns ein Gefühl von Beschränktsein und Unerfülltheit. Unsere Ansichten und Einstellungen uns selbst gegenüber beeinflussen alles, was wir tun. Türen öffnen sich, wenn wir lernen, uns selbst zu vertrauen. Da unser geistiges Potenzial unbegrenzt ist, ist auch nichts unmöglich, und so sind wir nicht zwangsläufig an unsere früheren Urteile über uns selbst oder andere gebunden.

Mein Freund, der Scotch

— Jerry —

Früher nahm ich oft Zuflucht zum Alkohol; eine Flasche Scotch war mein bester Freund. Wenn ich mich ungeliebt oder nicht liebenswert fühlte, war ein *Scotch on the Rocks* das Elixier, das mir half, Schmerzen und Depressionen loszuwerden und mir ein - wenn auch unechtes - Gefühl von Ausgeglichenheit und Sicherheit zu geben. Alkohol betäubte meine Gefühle von Schuld und Selbstverurteilung. Für mich war der Alkoholismus ein großer Umweg, der mein spirituelles Erwachen hinausschob.

Im Jahre 1973, nach zwanzig Jahren Ehe, ließen meine damalige Frau und ich uns scheiden, und ich versank förmlich in Schuld- und Angstgefühlen. Mein Leben war ein einziger Scherbenhaufen, und als Folge trank ich noch wesentlich mehr. Nicht nur, dass ich mich langsam vergiftete; mein gewohnheitsmäßiges Trinken und das daraus resultierende Verhalten wurde auch zu einer Belastung für meine erwachsenen Kinder und andere Menschen, die sich um mich sorgten.

Alkohol war für mich im Grunde wie ein zeitweiliges Versteck; er "half" mir, Probleme und Ängste zu meiden, die ich eigentlich schon längst hätte angehen müssen. Ich hatte absolut keine Hoffnung, von ihm loszukommen, und meine atheistische Grundhaltung steigerte sich noch mehr als je zuvor. Ich war mir absolut sicher, dass es keinen Gott gibt.

Im Mai 1975 - ich war damals fünfzig Jahre alt - gab mir Judith Skutch Whitson, die Präsidentin und Vorsitzende der

Foundation for Inner Peace (Stiftung für Inneren Frieden), ein unveröffentlichtes Manuskript des Buchs *Ein Kurs in Wundern*. Ich fragte sie, worum es in dem Buch gehe, und sie antwortete: "Gott und spirituelle Transformation". Ich erwiderte, sie wisse doch, dass ich Atheist sei und an solcherlei Dingen kein Interesse habe. Sie bestätigte dies, bat mich jedoch trotzdem, wenigstens eine Seite zu lesen.

Ich willigte ein – und machte damit eine der erstaunlichsten Erfahrungen meines Lebens. Ich hörte eine Stimme in meinem Herzen, die sagte: *Arzt, heile dich selbst. Dies ist dein Weg nach Hause.* Darauf erfüllte ein unbeschreibliches Gefühl von Frieden und Einssein mit allem mein gesamtes Wesen. Nun wusste ich mit absoluter Gewissheit, dass ich mich von Grund auf verändern und ein Leben im Dienst für andere führen wollte; Gottes Wille und mein eigener würden eins sein.

Ich begann, den *Kurs in Wundern* zu studieren und an den ungeheilten Beziehungen zu meiner Ex-Frau, meinen erwachsenen Kindern und anderen Menschen in meinem Leben zu arbeiten – und natürlich an der Beziehung zu mir selbst. Das Schlüsselkonzept des Kurses, Vergebung, wurde zu meinem zentralen Lebensthema und -ziel. Kurz danach half ich dann, das *International Center for Attitudinal Healing* zu begründen. Und ich hörte auf zu trinken.

Viele Alkoholiker streiten ab, dass sie vom Alkohol abhängig sind. Ein Teil des Leidens, das sie spüren, rührt daher, dass sie die Existenz von etwas Größerem als sie selbst leugnen – etwas, das ihnen im Leben eine Orientierung geben und sie zu Frieden, Glück und Harmonie führen kann.

Alkoholismus und seine Auswirkungen auf
Familienangehörige und Freunde des Alkoholabhängigen
zählen heutzutage zu den größten Problemen unserer
modernen Gesellschaft. Vielleicht ist es kein Zufall,
dass viele Menschen Selbsthilfegruppen wie die
Anonymen Alkoholiker so hilfreich finden; es ist eine
Organisation, die Alkoholabhängigen nicht nur hilft,
ihr höheres Wesen an die erste Stelle zu setzen,
sondern sie hebt auch hervor, wie wichtig es ist,
zu vergeben sowie sich Fehler einzugestehen,
um Heilung zu erfahren.

Bobbys weise Worte auf dem Sterbebett

— Jerry —

Im Jahre 1976 machte ich einen Hausbesuch bei Bobby, einem vierzehnjährigen Jungen, der unheilbar an Krebs erkrankt war und im Sterben lag. Er und seine Mutter hatten an Gruppensitzungen in unserem Zentrum teilgenommen, konnten sie jedoch nicht fortführen, weil sich Bobbys Zustand weiter verschlechtert hatte. Er und seine Mutter hatten beschlossen, sich daheim auf seinen Tod vorzubereiten, und Bobby schien zu innerem Frieden gefunden zu haben. Als ich in sein Zimmer kam, lag er blass und bewegungslos im Bett, angeschlossen an einen Morphiumtropf, um seine Schmerzen zu lindern. Ich setzte mich neben sein Bett und hielt schweigend seine Hand.

Nach etwa dreißig Minuten kam mir ein Gedanke, den ich ihm mitteilte, obwohl ich nicht sicher war, ob er mich hören konnte. "Bobby", sagte ich, "ich habe ein Diktiergerät in meinem Aktenkoffer. Du hast im letzten Jahr schrecklich viel durchgemacht. Wie wäre es, wenn du deine Erfahrungen in dieser Zeit mit anderen ebenfalls an Krebs erkrankten Kindern teilst und ihnen vielleicht auch ein paar Ratschläge gibst?"

Zu meiner Überraschung öffnete Bobby seine Augen, setzte sich im Bett aufrecht hin und sagte zu mir: "Ja, bitte gib mir dein Diktiergerät." Als er zu sprechen begann, konnte ich sehen, wie die Blässe in seinem Gesicht wich und seine Wangen sich leicht röteten. Etwa zehn Minuten lang sprach er auf Band, und alles, was er sagte, war wichtig und hilfreich. Doch woran ich mich am besten erinnern kann, war seine Äußerung: "Sag all diesen Kindern und Erwachsenen, dass der eigentliche Sinn ihres Lebens darin besteht, Liebe zu geben und anderen zu helfen – egal, in welchem gesundheitlichen Zustand sich ihr Körper befindet. Solange sie noch atmen können, können sie Liebe geben."

Eine Woche danach starb Bobby, doch sein Geist lebt durch diese Aufzeichnung fort und ist nach wie vor eine Hilfe für Tausende von Menschen.

Wenn wir uns darauf konzentrieren, anderen zu
helfen, sind wir nicht so sehr auf unseren eigenen Körper
fixiert. Andere zu lieben und ihnen zu helfen,
ist eines der größten Geschenke, das wir der Welt
und uns selbst geben können.

Himmlische Zeitplaner

— Diane —

Nach dem Tod meines Vaters beschloss ich, eine Zeit lang auf Reisen zu gehen und mir die Welt anzuschauen. Zu jener Zeit hatten die meisten Menschen noch kein Flugzeug von innen gesehen; der kommerzielle Flugverkehr steckte noch in seinen Anfängen, und eine Tätigkeit als Flugbegleiterin war da ideal, um etwas von der Welt zu sehen. Ich bewarb mich bei mehreren Fluggesellschaften und beschloss, dass ein Job als Stewardess bei *TWA* in jenem Sommer meinen Vorstellungen am meisten entspräche.

Auf dem Weg zu meinem letzten Bewerbungsgespräch machte ich Zwischenstation auf dem Flughafen Newark, wo ich eine Stunde Zeit hatte, bevor mein Anschlussflug startete. Ich betrat das einzige Café im Wartebereich und nahm Platz auf dem letzten freien Stuhl – vis-a-vis von drei Herren in Business-Anzügen. Es stellte sich heraus, dass sie die leitenden Führungskräfte von *TWA* auf dem Flughafen Newark waren, und bevor ich mich von ihnen verabschiedete, ermutigten sie mich, mich für eine Stelle bei *TWA* vor Ort zu bewerben.

Ich lachte und antwortete: "Ich glaube, wohl eher nicht. Ich habe mich bei *TWA* beworben, weil ich weiß, dass auf dem Flughafen *John F. Kennedy* auf Long Island immer eine Stelle als Flugbegleiterin frei ist, und ich plane, zu Hause bei meiner Mutter und meinem Bruder zu wohnen." Von dort bis zum Flughafen Newark und zurück hätte ich insgesamt vier

Stunden Fahrzeit einplanen müssen, und das kam für mich nicht infrage.

Nun, im Leben kommt es ja bekanntlich oft anders, als man denkt, und so wurde ich dann auch tatsächlich auf dem Flughafen Newark in New Jersey eingesetzt. Es war schon seltsam: Die Woche, in der ich meinen Arbeitsplatz zugewiesen bekam, war die einzige in einem Zeitraum von zwei Jahren, in der keine neuen Mitarbeiter auf dem Flughafen *JFK* eingestellt wurden. Das ist weniger als ein Prozent Wahrscheinlichkeit, nicht das zu bekommen, was ich ursprünglich wollte.

Ich war am Boden zerstört und wusste, dass meine Familie über die Umstände genauso traurig sein würde. Ich erinnere mich noch, wie ich meine Mutter anrief und weinte, als ich ihr mitteilte, dass ich nicht zu Hause bei ihr wohnen würde. Sie reagierte gefasst, fast schon stoisch, und erinnerte mich daran, dass ich überhaupt dankbar sein sollte, einen Job in meinem bevorzugten Tätigkeitsfeld bekommen zu haben. Sie fügte hinzu, ich solle darauf vertrauen, dass es für mein Leben einen größeren Plan gebe, auch wenn ich noch nicht wüsste, was er beinhaltet. Jahre später erfuhr ich allerdings, dass meine Mutter nach unserem Telefongespräch an jenem Tag den ganzen Nachmittag Tränen vergossen hatte.

So ging es also auf nach Newark – damals einer der trostlosesten und heruntergekommensten Flughäfen in den USA. Auf meinem ersten Ausbildungsflug traf ich einen der drei Herren wieder, die mir im Flughafen-Café gegenübergesessen hatten. Sein Name war Larry Girard, und er war nicht nur der Flugkapitän unserer Maschine, sondern auch Chefpilot und Ausbildungsleiter für alle *TWA*-Crews in Newark.

Im Verlauf der folgenden Monate begann ich, meinen Job zu lieben, und ich verlängerte meinen Arbeitsvertrag, um in den Genuss von Reisemöglichkeiten zu kommen, die sich dadurch ergaben. Außerdem tat ich mich mit einer Krankenschwester zusammen, die mit schwer bis unheilbar erkrankten Kindern arbeitete, von denen bisher noch keines mit einem Flugzeug geflogen war. Captain Girard und ich arbeiteten zusammen, um den Kindern dies zu ermöglichen.

Einige Monate später lud ich meine Mutter zu einem Besuch bei mir in New Jersey ein. Da dies mehrere Stunden Fahrzeit beanspruchte, schlug ich vor, dass sie bei mir übernachten sollte. Ich musste unterdessen noch einmal zum Flughafen fahren, um einige Dinge zu erledigen, und schlug vor, dass sie mich ins Büro begleiten sollte, um meine Kolleginnen und Kollegen kennenzulernen. Sie lehnte dies ab und sagte, sie würde im Auto warten. Doch eine Stimme in mir forderte beharrlich, dass meine Mutter unbedingt mit hineinkommen solle. So wirkte ich also weiter auf sie ein, bis sie meinem Druck nachgab und vorschlug, dass sie in der Mitarbeiter-Lounge auf mich warten könne.

Ich stellte sie einigen Kolleginnen und Kollegen vor, die dort arbeiteten, und unmittelbar bevor wir wieder zurückfuhren, ging ich noch einmal ins Hauptbüro, um etwas mitzunehmen. Dort traf ich auf Captain Girard, der mich fragte, was ich vorhätte. Ich antwortete, dass meine Mutter gerade zu Besuch bei mir sei und draußen in der Lounge auf mich warte. Wir gingen daraufhin zusammen hinaus in die Lounge, weil ich sie ihm vorstellen wollte. Als wir um die Ecke kamen, saß sie in sich gekehrt und mit gesenktem Blick am anderen Ende des Raums.

Als Captain Girard sie anblickte, schaute sie langsam hoch, bevor sie aufstand, um ihn zu begrüßen. Ich stellte die beiden einander vor, und es kam zu einem kurzen Gespräch zwischen ihnen, in dessen Verlauf sie feststellten, dass sie ein gemeinsames Schicksal teilten: Sie hatten beide fünfundzwanzig Jahre mit einem Ehepartner gelebt, der nur zwei Jahre zuvor verstorben war. Sie sprachen darüber, was für eine emotionale Herausforderung die bevorstehenden Feiertage für sie darstellten. Darauf folgte eine kurze Pause des Schweigens, und ich erinnere mich noch

genau, wie ich zwischen ihnen stand, von ihr zu ihm und zu-
rückblickte und plötzlich bemerkte, was da gerade geschah: Es
war Liebe auf den ersten Blick zwischen den beiden! Noch im
August desselben Jahres standen sie vor dem Traualtar, und der
Rest ist sechsunddreißig Jahre Familiengeschichte!

Sie waren immer felsenfest davon überzeugt gewesen, dass
ich dies alles geplant hätte, doch ich schrieb dies beharrlich den
Celestial Schedulers, den "himmlischen Zeitplanern" zu. Mir
wurde das Privileg zuteil, Zeuge sowohl ihrer allerersten Begegnung
als auch ihrer letzten gemeinsamen Momente kurz vor Larrys
Tod zu sein. Larry Girard, ein wundervoller Mann und liebevoller
Stiefvater, verstarb in den frühen Morgenstunden des 25. Juli
2003. In seinen letzten Stunden saßen meine Mutter und ich an
der Seite seines Bettes, hielten seine Hand und begleiteten ihn
auf seinem Weg zurück nach Hause.

Scheinbare Widrigkeiten und Unannehmlichkeiten
sind oft unsere besten Wegweiser nach Hause.
Sich in all den Drehungen und Wendungen des Lebens,
in all seinen Höhen und Tiefen Dankbarkeit als Lebensprinzip
zu bewahren — auch wenn die Reise in eine andere
Richtung geht, als wir vorher geplant hatten —,
gestattet es uns, einen übergeordneten Plan zu würdigen,
der unendlich viel größer ist als unser eigener.

Jessicas Weisheit

– Jerry –

Vor einigen Jahren waren wir auf Vortragsreise in Aspen, Colorado, und ein guter Freund von uns, der dort lebte, bot uns an, für die Zeit unseres Aufenthaltes in seinem Haus zu wohnen, da er zu jener Zeit unterwegs sein würde.

Es war ein angenehmer Nachmittag, und wir saßen im Garten des Hauses, als Jessica, die sechsjährige Tochter des Hausverwalters, auf einen Besuch vorbeischaute. Ich war selbst überrascht, als ich ihr spontan eine Frage stellte, die für ein Kind ihres Alters eigentlich vollkommen unangebracht war.

"Jessica, was glaubst du, warum sind wir hier auf der Erde, und was ist der Sinn unseres Lebens hier?"

Diane schaute mich mit hochgezogenen Augenbrauen an, denn auch sie war der Ansicht, dass dies ziemlich anspruchsvolle Fragen für ein Kind in ihrem Alter waren. Doch zu unserer Überraschung beantwortete Jessica die Fragen auf einfache, aber tiefgründige Weise.

"Oh, ich glaube, wenn du hierherkommst, kommst du, um anderen zu helfen und alle Dinge zu lieben – selbst die Erde und die Bäume. Und ich glaube, wenn du stirbst, solltest du die Erde als schöneren Ort verlassen als zu dem Zeitpunkt, an dem du kamst." Wir waren verblüfft über so viel Weisheit aus dem Mund eines Mädchens, das allein mit seiner Mutter in einer Einzimmer-Blockhütte im Wald wohnte.

Diane: "Das sind wundervolle Gedanken, Jessica. Hast du das von deinen Eltern gelernt?"

Jessica: "Nein."

Diane: "In der Schule?"

Jessica: "Nein, ich gehe nicht zur Schule."

Diane: "Und in der Sonntagsschule? Hast du es dort gelernt?"

Jessica: "Nein, zur Sonntagsschule gehe ich auch nicht."

Diane: "Nun, Jessica, dann erzähle uns doch bitte, wo du dies gelernt hast."

Jessica: "Oh, ich wusste all diese Dinge schon, bevor ich hierherkam - weißt du, bevor ich geboren wurde."

Kinder zeigen heutzutage sehr oft ein hohes Maß
an geistiger Weisheit, und deshalb ist es wichtig, sich wirklich
Zeit zu nehmen, um ihnen zuzuhören. Stellen Sie sich vor,
was für eine wunderbare Welt dies sein könnte, wenn
wir uns einfach darin übten, uns gegenseitig zu helfen
und zu lieben und so daran zu arbeiten, die Erde zu
einem lebenswerteren Ort zu machen.

Ein Freund und Lehrer

— Jerry —

Ich lernte Arnold Beisser in meinem ersten Studienjahr an der *Stanford University School of Medicine* kennen. Während unserer Zeit an der medizinischen Fakultät der Universität waren wir Zimmerkollegen. Zu jener Zeit wusste ich noch nicht, dass wir ein Leben lang Freunde bleiben würden oder dass er mir helfen würde zu verstehen, was eine Freundschaft wirklich ist und bedeutet.

Arnie, wie ich ihn immer nannte, hatte einen köstlichen Sinn für Humor und war unglaublich sportlich. Als Tennisspieler stand er damals in der nationalen Rangliste auf Platz acht.

Im Jahre 1949 schlossen wir beide unser Medizinstudium ab. Sein Wunsch war es, Chirurg zu werden, und ich wollte als Psychiater arbeiten. Etwa eine Woche nach unserem Ausbildungsabschluss und unmittelbar vor Beginn seines Praktikums wurde Arnie krank. Noch bevor er ins Krankenhaus eingeliefert wurde, stellte er sich selbst die korrekte Diagnose: Poliomyelitis – Kinderlähmung.

Ich beschloss, ihn im Krankenhaus zu besuchen, und als ich sein Zimmer betrat, war er an eine eiserne Lunge angeschlossen und befand sich in einem kritischen Zustand. Keiner der Ärzte glaubte, dass er überleben würde, doch sie wussten nicht, was für eine Kämpfernatur Arnie tatsächlich war; das Wort "unmöglich" existierte für ihn nicht. Er kam durch, war aber seitdem ab dem Hals querschnittsgelähmt und somit für den Rest seines Lebens vollkommen abhängig von anderen Menschen. Es wäre ein Leichtes für ihn gewesen – und auch vollkommen verständlich –, in Bitterkeit und Zorn zu verfallen, dass ausgerechnet er, ein begnadeter Sportler, so sehr von einem grausamen Schicksal gebeutelt wurde. Und eine weitere Ironie des Schicksals war die Tatsache, dass er sich mit dem Poliovirus unmittelbar vor der Entwicklung und Einführung des Salk-Impfstoffes angesteckt hatte.

Arnie ließ seine Tennistrophäen in die Garage hinaustragen und verlor für einige Zeit jegliches Interesse am Sport. Doch ein paar Jahre später schrieb er das Buch *The Madness in Sports* (Der Wahnsinn im Sport), das 1967 veröffentlicht wurde. Erst danach ließ er seine Trophäen wieder ins Wohnzimmer zurückstellen.

Ich erinnere mich noch sehr gut an eine Aussage von ihm: "Wenn Leute mich fragen, wie ich mich fühle, an den Rollstuhl gefesselt zu sein, antworte ich, 'ich ziehe es vor, nicht auf diese Frage zu reagieren, denn es ist eine Frage, die in sich selbst schon Beschränkungen impliziert. Wenn Sie mich allerdings nach all den Dingen fragen, die ich in einem Rollstuhl tun und verrichten kann, dann beantworte ich Ihnen diese Frage sehr gern.'"

Arnie schrieb später noch ein weiteres Buch mit dem Titel *Flying Without Wings* (dtsch. Titel: *Wozu brauche ich Flügel?*), das viele Menschen inspirierte und begeisterte. Er beschreibt darin seine Erfahrungen mit der Poliomyelitis und seine daraus resultierende körperliche Abhängigkeit von anderen – ein unschätzbar wertvolles Buch für all jene, die mit einer körperlichen Behinderung zurechtkommen müssen.

Trotz seiner vollständigen Lähmung hatte es Arnie geschafft, mir so viel mehr zu geben, als ich ihm je hätte geben können. Er lehrte mich und Tausende anderer Menschen, wie man mit einer positiven Einstellung durchs Leben gehen kann – egal, welches Schicksal uns ereilt und was mit unseren Körpern geschieht.

Arnie und seine Ergotherapeutin Rita verliebten sich später und heirateten. Später zog er in eine psychiatrische Einrichtung für betreutes Wohnen und brachte es sogar noch bis zum Leiter des *Metropolitan State Hospital*, einer der damals wohl "funktionsgestörtesten" psychiatrischen Anstalten in Kalifornien. Arnie machte aus ihr in kurzer Zeit eine der besten des Staates.

Einige Jahre später erzählte er mir, dass er seine leitende Funktion im Krankenhaus aufgegeben hätte. "Ich brauche eine neue Herausforderung", erklärte er mir. Nach allem, was er durchgemacht hatte, fiel es mir schwer, ihm dies abzunehmen, doch tatsächlich wurde er einige Zeit später zum Leiter des *Los Angeles County Department of Mental Health* (Gesundheitsbehörde des Bezirks Los Angeles) berufen – eine wirklich herausfordernde Tätigkeit. Und er übernahm sogar noch eine Professur für Psychiatrie an der *UCLA* (Universität von Kalifornien, Los Angeles).

Arnie hatte zwar immer von sich behauptet, nicht religiös zu sein, doch in ihm schien ein Licht, das jedem auffiel, der mit ihm zu tun hatte. Seine ruhige spirituelle Haltung übte einen starken Einfluss auf viele Menschen aus.

Als ich mich im Jahre 1975 erstmals auf meinen spirituellen Weg begab, äußerte Arnie Skepsis über mein Vorhaben und befürchtete, dass ich von meinen ärztlichen Kollegen Hohn und Spott ernten würde. Einige Jahre später hielt ich an der *UCLA* einen Vortrag, und Arnie saß im Saal. Zu meiner großen Überraschung überschüttete er mich nach dem Ende meines Vortrags förmlich mit Lob, Zuspruch und Liebe ...

Arnie verstarb im Alter von fünfundsechzig Jahren, doch bis dahin verging kaum ein Tag, an dem wir nicht miteinander telefonierten. Er war aufgeregt und begeistert, wenn ich ihn aus so exotischen Winkeln der Welt wie China, Russland, Thailand, Indien, Argentinien, Australien, Ghana, Neuseeland und aus vielen anderen Ländern, die ich besuchte, anrief. Es war, als ob mein langjähriger Freund mit mir auf Reisen wäre, egal, wohin es mich verschlug. Unsere Freundschaft hat uns beiden so viel gegeben, wie wir es nie für möglich gehalten hätten. Arnie wurde zu meinem größten Lehrer, ohne es zu wissen.

Es gab nichts, was wir uns nicht hätten sagen können, denn wir wussten beide, dass wir vom jeweils anderen nicht befürchten mussten, für etwas Gesagtes be- oder gar verurteilt zu werden. Von ihm lernte ich etwas über die Kraft des Humors und die Macht der Hoffnung bei einem Heilungsprozess, ich lernte, dass man, wenn man anderen hilft – was er sein Lebtag lang getan hat –, auch sich selbst hilft. Doch vor allem lehrte Arnie mich eines: Das Einzige, was im Leben zählt, ist die Liebe.

Er zeigte mir auch, wie man über das rein Physische hinausblickt. Als seine Krankheit begann, war alles, was ich sehen konnte, ein vollkommen ausgezehrter, gelähmter Körper, der unter extremen Schmerzen litt. Als ich ihn besuchte, war es für mich zunächst nicht leicht, ihn in diesem Zustand zu sehen. Doch im Verlauf der Zeit lernte ich, über seinen physischen Körper hinauszublicken und den wirklichen Arnie zu sehen, der immer voller Mitgefühl und Liebe für andere geblieben war.

Obgleich wir uns beide immer frei fühlten, alles auszusprechen, was uns beschäftigte, drückte sich der wohl wichtigste Aspekt unserer Freundschaft in der Stille unserer Liebe und Wertschätzung aus, in der Sanftheit, die wir in den Augen des jeweils anderen sehen konnten, und in dem Wissen, dass wir jederzeit füreinander da sein würden. In diesen Momenten des gemeinsamen Schweigens, in denen Wörter nicht nur unnötig, sondern sogar hinderlich sind, entfaltet die Liebe manchmal ihre stärkste Kraft.

Einige Monate nach Arnies Tod besuchte Rita Diane und mich. Gemeinsam unternahmen wir einen Spaziergang, bei dem wir an einem wunderschönen Waldstück vorbeikamen. Rita hielt an und sagte dann: "Arnie ist in meinem Auto – also, ich meine, ich habe seine Asche bei mir. Ich nehme sie überallhin mit, wohin ich fahre, weil ich auf der Suche nach einem Ort bin, wo ich sie verstreuen kann. Wäre es in Ordnung, wenn wir seine Asche hier am Fuß dieses Baumes verstreuen?" Natürlich sagten wir ja. Wenn Diane und ich nun unseren morgendlichen Spaziergang machen und an dem Waldstück vorbeikommen, wo wir Arnies Asche verstreut haben, halten wir jedes Mal an und sagen: "Guten Morgen, Arnie."

Eine tiefe Freundschaft ist das Zuhause von Liebe, Vertrauen,
Ehrlichkeit, Glauben und der Freiheit,
in jedem Moment wir selbst zu sein – und gleichzeitig
zu wissen, dass wir so, wie wir sind, geliebt
und angenommen werden.

Geben heißt empfangen

— Diane —

Jerry und ich waren nach einem Workshop in Dallas auf dem Weg zurück zum Flughafen, als eine gut gekleidete Frau sich uns näherte und in etwa drei Metern Entfernung stehenblieb. Nachdem wir das Gespräch mit unseren Gastgebern beendet hatten, wandte ich mich ihr zu und fragte sie, ob sie mit mir sprechen wolle. Sie schüttelte ihren Kopf, stand aber weiterhin da und starrte mich an.

Nach einigen Minuten fragte ich sie nochmals, ob sie mir irgendetwas zu sagen hätte, da wir uns bereits im Aufbruch befanden. Ihre Körpersprache sagte abermals nein – doch irgendetwas anderes sagte ja. In dem Moment wiesen Jerry und unsere Gastgeber uns darauf hin, dass wir uns sofort auf den Weg zum Flughafen machen müssten, wenn wir unseren Flug noch kriegen wollten.

Als ich mich umdrehte und zum Wagen ging, sagte mir eine innere Stimme, ich solle dieser Frau eine Kopie unseres *Mini Course for Life* geben, den ich im Workshop erwähnt hatte. Ich nahm das kleine Büchlein aus einer Tasche, ging hinüber zu ihr und hörte erneut eine innere Stimme, die mir dieses Mal sagte, ich solle ihr auch meine Telefonnummer geben. "Meine innere Stimme sagt mir, ich soll Ihnen dies hier geben, zusammen mit meiner Telefonnummer. Sollten Sie den Wunsch haben, mit mir zu sprechen, zögern Sie bitte nicht, mich anzurufen."

Zwei Tage später rief sie mich an und erzählte mir, dass sie seit über einem Jahr sehr niedergeschmettert und verzweifelt sei, da ihre Tochter, die erst vor kurzem geheiratet hatte, von einem

Mann vergewaltigt worden war, der sich gewaltsam Zutritt zu ihrem Haus verschafft hatte. Die Mutter fügte hinzu, dass ihre Tochter und ihr Schwiegersohn schließlich nach Boston gezogen seien, weil einerseits sie selbst, die Mutter, nicht imstande gewesen war, sich von diesem extremen Trauma zu befreien, und weil diese traumatische Erfahrung es den beiden andererseits unmöglich gemacht hatte, weiterhin in dem Haus zu wohnen, wo die schreckliche Tat geschehen war. Natürlich war die Mutter darüber in doppelter Hinsicht verzweifelt und am Boden zerstört.

Sie fragte mich, ob ich ihr helfen könne, und ich schlug vor, dass wir gemeinsam den dreiwöchigen *Mini Course* durchgehen sollten, den ich ihr bei meinem Abschied in Dallas geschenkt hatte. Sie stimmte zu, und so verbrachten wir täglich fünfzehn Minuten am Telefon, in denen wir uns Schritt für Schritt durch den Kurs arbeiteten. Jeden Morgen unterhielten wir uns über die Erfahrungen, die wir mit der Lektion des Vortags gemacht hatten, dann lasen wir uns abwechselnd gegenseitig die neue Lektion für den anstehenden Tag vor. Es kam für mich nicht überraschend, dass die Lektionen, die ich mit ihr durchging, auch genau auf meine eigenen verschiedenen Lebenssituationen, in denen ich mich damals befand, zugeschnitten waren. Das, was ich der Frau mit dem Kurs anbot, war auch genau das, was ich zu jenem Zeitpunkt selbst brauchte.

Gegen Ende der zweiten Woche bemerkten wir dann, dass die achtzehnte Lektion des Kurses genau auf den Morgen des ersten Weihnachtstages fallen würde. Sie rief mich an jenem Morgen wie immer zur vereinbarten Zeit an und sagte mir, dass sie vor kurzem mit ihrer Tochter über den Kurs und die neuen Mittel und Wege gesprochen hätte, die es ihr ermöglicht hatten, besser mit dem traumatischen Erlebnis umzugehen. Früh an jenem Morgen, so fügte sie hinzu, hätte es an der Tür geklingelt, und zu ihrer großen Überraschung standen ihre Tochter und ihr Schwiegersohn vor ihr. Sie waren so ergriffen von den Fortschritten und positiven Veränderungen, die ihre (Schwieger-) Mutter erlebt hatte, dass sie beschlossen, sie nicht nur vorübergehend zu besuchen, sondern nach Dallas zurückzuziehen, um wieder in ihrer Nähe zu sein.

Eines der Prinzipien des Attitudinal Healing, das
uns in unsere Mitte zurückführt, ist, dass Geben und
Empfangen ein und dasselbe sind. Da wir auf einer
höheren Ebene miteinander verbunden und somit eins sind,
ist das Geben gleichbedeutend mit dem Empfangen.
Doch es kommt noch etwas Wichtigeres hinzu:
Wir stärken damit auch unser Vertrauen
in Verbundenheit und Liebe.

Wunder in Belfast

— Jerry und Diane —

Mitte der 1980er Jahre folgten wir einer Einladung zu einem Vortrag und zu Beratungsgesprächen mit verschiedenen Personen in Belfast, Nordirland. Zu jener Zeit herrschten in diesem Land äußerst schwierige Umstände; die Arbeitslosigkeit war auf einem Rekordhoch, und das Land wurde gebeutelt von gewalttätigen Konflikten zwischen Anhängern der verschiedenen Konfessionen, Protestanten und Katholiken. Ganze Straßenzüge waren abgesperrt, und überall konnte man die Spuren der Bombenexplosionen sehen, die die Stadt erschüttert hatten.

Unsere Gastgeber hatten uns gebeten, an einem Treffen mit einer Familie teilzunehmen, deren vierzehnjähriger Sohn, Billy, unter Muskelschwund litt. Er war sehr bedrückt, denn in der Woche zuvor war sein bester Freund gestorben, der an derselben Krankheit gelitten hatte. (Muskelschwund ist eine Erbkrankheit, und Kinder, die darunter leiden, können schon als Jugendliche daran sterben.)

Als wir im Haus von Billys Eltern eintrafen, machten sie uns auf ein Haus in ihrer unmittelbaren Nachbarschaft aufmerksam, wo eine Bombe nur wenige Tage zuvor drei Menschen mit in den Tod gerissen hatte. Wir verbrachten etwa eine Stunde mit Billy, der an einen Rollstuhl gefesselt war. Kurz bevor wir uns verabschiedeten, fragten wir ihn: "Wenn ein Wunder geschehen könnte, und dir würde ein Wunsch erfüllt - egal welcher -, was würdest du dir wünschen?" Ohne eine Sekunde zu zögern antwortete er: "Dann würde ich gern mal mit einem Helikopter fliegen."

Am Nachmittag desselben Tages riefen wir den Flughafen an, um herauszufinden, ob es möglich wäre, einen Helikopter stundenweise zu mieten. Der Mann am Telefon fragte uns, woher wir seien. Als wir antworteten, "aus den USA", erwiderte er: "Nun, dies sind nicht die USA. Sie sind hier in Belfast, und hier ist es unmöglich, einen Helikopter zu mieten." Darauf hakten wir nach und fragten, ob es hier Unternehmen gebe, die zu Reise- oder Transportzwecken Helikopter einsetzten. Er bejahte dies und ergänzte, gerade jetzt befände sich ein Helikopter auf dem Flughafengelände, und der Pilot trinke gerade einen Kaffee. Er fragte uns, ob wir mit ihm sprechen wollten.

Wir erzählten dem Piloten von Billys Wunsch und fragten ihn, ob es möglich wäre, ihn einmal für einen Flug mitzunehmen. Seine Antwort war, dass dies unmöglich wäre, da die Genehmigung dazu vom Chef des Unternehmens eingeholt werden müsste – und der würde so etwas niemals gestatten.

Wir fragten den Piloten, ob er an Wunder glaube, worauf er antwortete: "Nicht an solche." Wir waren etwas ernüchtert, weigerten uns aber aufzugeben, und baten ihn, uns die Telefonnummer der Unternehmenszentrale zu geben. Er gab sie uns, war jedoch der Meinung, dass wir nur unsere Zeit verschwenden würden.

Nun, da Jerry und ich der Ansicht sind, dass nichts unmöglich ist, wenn wir unserem Geist keine Beschränkungen auferlegen, wählten wir die Nummer der Unternehmenszentrale. Die Chefsekretärin war gerade nicht anwesend, und so hob der Chef selbst ab. Nachdem wir ihm Billys Geschichte und seinen Wunsch erzählt hatten, sprühte er regelrecht vor Begeisterung bei dem Gedanken, Billy diesen Wunsch zu erfüllen, und sagte: "Bringen Sie den Jungen morgen Nachmittag um fünf zum Flughafen; der junge Mann wird den Flug seines Lebens erleben."

Am nächsten Tag stellten wir fest, dass der Helikopter recht groß war und noch einigen weiteren Fluggästen Platz bot. Billy lud noch zwei Freunde, seine Schwester und einen Nachbarsjungen ein; keiner von ihnen war bis dahin je geflogen. Um fünf Uhr nachmittags trafen wir alle auf dem Flughafen ein. Es war ein klarer, wunderschöner Tag, und Billy erlebte tatsächlich den Flug seines Lebens.

Bei unserem Aufenthalt in Belfast lernten wir auch einen blinden Mann kennen, der eine Schule ins Leben gerufen hatte, in der sowohl protestantische als auch katholische Kinder in denselben Klassenräumen unterrichtet wurden. Er wolle diesen Kindern zeigen, so erklärte er uns, dass Menschen anderen Glaubens keine Hörner haben, die ihnen aus dem Kopf wachsen. Er brachte ihnen bei, wie man harmonisch miteinander leben und arbeiten kann.

Als wir ihn fragten, wie lange er schon blind sei, antwortete er uns, er sei jetzt vierzig Jahre alt und blind seit dem vierzehnten Lebensjahr, als jemand eine Bombe in sein Haus geworfen hatte, deren Explosion ihm das Augenlicht geraubt hatte. Er fügte hinzu: "Ich glaube, man kann jeden negativen Umstand in etwas Positives verwandeln. Ich würde diese Arbeit hier nicht machen, wenn ich diese Erfahrung nicht am eigenen Leib gemacht hätte. Ich habe für mich herausgefunden, dass es neben dem *physischen* Sehvermögen noch eine andere Art von 'Vision' gibt, nämlich die *spirituelle*. Irgendwann hatte ich für mich beschlossen, alle Menschen nur noch durch die Augen Christi zu sehen und in der Zeit, die mir in meinem Leben noch bleibt, Liebe und Vergebung zu meinem Lebenssinn zu machen."

Und so bestärkten uns unsere Erlebnisse in Belfast noch weiter in unserem Glauben an Wunder und an die Macht der Vergebung.

Egal, wie die äußeren Umstände sind – mit Offenheit,
Hoffnung und unerschütterlichem Vertrauen sind
Wunder in unserem Leben möglich.

Angst vor einer Operation

— Jerry —

Vor einigen Jahren musste ich mich wegen eines grünen Stars einer Operation am rechten Auge unterziehen. Da ich durch dieselbe Krankheit auf dem linken Auge bereits fast erblindet war, fragte ich mich: "Was wird geschehen, wenn die Operation nicht erfolgreich verläuft und ich am Ende vollkommen blind bin?"

Diese Frage erzeugte in mir nicht gerade ein Gefühl von innerem Frieden, und so erinnerte ich mich selbst daran, dass ich nicht auf die bewährten Prinzipien des *Attitudinal Healing* zurückgreife, wenn ich Angst vor einer Zukunft habe, die ich nicht kontrollieren kann. Deshalb beschloss ich, in der Gegenwart zu bleiben und keine Fragen in Bezug auf die Zukunft zu stellen. Ich versuchte, in dieser Hinsicht mein Bestes zu geben, indem ich anderen half, so gut ich nur konnte.

Bevor wir am Morgen des Tages, an dem die Operation anstand, zum Krankenhaus aufbrachen, meditierte ich noch einmal, und als Diane und ich an jenem Morgen im Krankenhaus eintrafen, fühlte ich in mir einen tiefen inneren Frieden. Die Pflegerin im Vorraum des OP schien sehr überrascht zu sein, dass ich unmittelbar vor der Operation so ruhig und gelassen war und merkte an, dass meine Herzfrequenz nicht annähernd so hoch sei wie die der meisten anderen Patienten vor einem chirurgischen Eingriff. Sie fragte mich, was ich täte, um so ruhig und gefasst zu bleiben.

Ich erklärte ihr meine Meditationstechnik und erzählte ihr auch von meiner engen Beziehung zu Gott. Sie erwiderte: "Ich habe im Moment einige Probleme mit meinem Glauben an Gott. Erzählen Sie mir doch bitte mehr über ihre Beziehung zu ihm." Ich beschrieb ihr, wie ich versuche, mein Leben jeden Tag in den Dienst Gottes und meiner Mitmenschen zu stellen.

Zwischendurch verließ die Pflegerin das Zimmer, um sich um einen anderen Patienten zu kümmern; dann kam sie zurück und setzte sich neben mein Bett, wo sie bis weit nach Ende ihrer Schicht blieb. Sie sagte: "Erzählen Sie mir bitte noch mehr darüber, wie sie Gott erleben." Ich antwortete ihr, dass ich die Erfahrung gemacht habe, nichts und niemanden fürchten zu müssen, wenn ich für mich anerkenne, von der Liebe des Schöpfers umgeben zu sein, und dass ich deshalb mit Ruhe und Gelassenheit meine Zukunft in Seine Hände legen kann. Wir unterhielten uns noch eine Weile weiter, bis der Anästhesist das Zimmer betrat.

Ich hatte eine Idee, wie ich – trotz des Anästhesisten, dessen Erscheinen mir signalisierte, dass die Operation nun unmittelbar anstand – in der Gegenwart bleiben könnte. Anästhesisten führten zu jener Zeit einen heftigen Kampf mit den HMOs (US-Gesundheitsvorsorgeeinrichtungen), da sie für ihre Tätigkeiten weniger Geld erhielten als zuvor, und so fragte ich ihn, welche Auswirkungen das für ihn persönlich habe. Daraufhin beschrieb er sehr detailliert seine Gefühle zu den Gehaltskürzungen, die von Beleidigung und Kränkung über Enttäuschung bis hin zu großer Wut reichten. Als er mir gegenüber seinem Ärger Luft gemacht hatte, seufzte er vor Erleichterung, schaute mich an und sagte: "Danke, dass Sie nachgefragt haben ... So, dann wollen wir mal."

Dann rollten sie mich in den OP. Ich wusste, dass die Ärztin, die die Operation durchführen würde, eine enge Freundin meines Bruders Art war, einem weithin bekannten Augenarzt. Ich sagte zu ihr: "Wenn ich in Ihrer Haut stecken würde, hätte ich wohl das Gefühl, dass er mir bei dieser OP über die Schulter schauten, um und mir den Rat zu geben, lieber keine Fehler zu machen!" Sie stimmte mir lachend zu. Daraufhin machte ich ihr einen Vorschlag: Für die Zeit der Operation wäre es für uns beide wohl besser, wenn sie mich einfach nur als "Jerry Smith" und nicht als Dr. Jerry Jampolsky, den Bruder von Dr. Arthur Jampolsky, wahrnähme. Sie lächelte vor Erleichterung und stimmte mir mit einem Kopfnicken zu. Die Operation verlief äußerst erfolgreich, und das Ganze war für mich auch eine sehr wertvolle Erfahrung im Umgang mit Ängsten und anderen negativen Emotionen, sowohl bei mir als auch bei anderen.

Egos lieben es, sich in Sorgen um die Zukunft
zu ergehen, vor allem wenn gewisse Risiken damit
verbunden sind. Und Ängste rufen ihrerseits weitere
tiefere Angstgefühle hervor – was zu weiteren Sorgen
und Bedenken führt. Wenn wir uns darauf konzentrieren,
unseren Mitmenschen liebevoll und einfühlsam zu
begegnen, hilft uns dies, in der Gegenwart zu bleiben,
wo die Quelle der Liebe in unserem Herzen wohnt.

Eine Veränderung der Wahrnehmung

— Diane —

Ungefähr zwei Jahre, nachdem sich Jerry seiner Augenoperation unterzogen hatte, trat ein weiteres Problem mit seinem Sehvermögen auf, als er eine schwere Augeninfektion erlitt. Er hatte bereits zuvor neunzig Prozent seiner Sehkraft auf dem linken Auge verloren, und nun drohte auch noch das rechte aufgrund einer Infektion im Augapfel seine Sehkraft zu verlieren, womit Jerry dann fast vollkommen blind gewesen wäre. Die Ärzte spritzten ihm Antibiotika ins Auge, doch dies schien nicht zu helfen, und eine weitere riskante Operation war die einzige Hoffnung, sein Sehvermögen zu bewahren. Die Ärzte konnten ihm allerdings nicht garantieren, dass die Operation so verlaufen würde, wie es sich alle wünschten.

Es wurde sofort ein Termin für eine präoperative Untersuchung und eine Besprechung des Ergebnisses an der *University of California* vereinbart. Da ich zu jener Zeit einige Arbeiten auf dem Campus dieser Universität zu verrichten hatte, musste ich schon etwas früher in die Stadt fahren. Sally Kinn – damals eines der ersten Kinder in unserem Zentrum, das eine schwere Leukämie überlebt hat – die an jenem Tag ihren vierzigsten Geburtstag feierte, fuhr Jerry zum Krankenhaus.

Als wir herausfanden, dass Sally einen runden Geburtstag feierte, fragte ich sie, warum sie solch einen bedeutungsvollen Tag nicht mit den Menschen verbringe, die ihr am meisten im Leben bedeuteten. Sie antwortete, sie hätte nie im Traum daran geglaubt, jemals vierzig Jahre alt zu werden, und sie könne sich niemand Besseren vorstellen, mit dem sie ihren runden Geburtstag verbringen wollte, als Jerry. Nach all dem, was er für sie getan hatte, war sie froh, ihm nun auch einmal helfen zu können. Unnötig zu erwähnen, dass Jerry an diesem Tag von einem Engel begleitet wurde.

Als ich an diesem wunderschönen sonnigen Tag über die Golden Gate Bridge fuhr, beschloss ich, eine Art "geistige Konversation" mit Mutter Teresa und Schwester Sylvia zu führen, die beide vor kurzem verstorben waren und sich gegenseitig sowie auch uns sehr nahegestanden hatten. Ich sah sie vor meinem geistigen Auge und sagte: "Wenn Jerry für den Rest seines Lebens als Blinder zurechtkommen muss, dann akzeptiere ich das. Wenn wir jedoch irgendetwas tun oder unterlassen, was seiner Heilung im Wege steht, lasst uns bitte wissen, was es ist, so dass sich diese Blockade lösen kann." Dann ließ mich eine innere Stimme die Frage stellen: "Wenn es in Übereinstimmung mit der göttlichen Ordnung ist, wäre es möglich, fünfzig Prozent der Infektion in Jerrys Auge aufzulösen, um die für morgen geplante Operation zu vermeiden?"

Vor der Untersuchung trafen Jerry, Sally und ich uns im Vorraum, und ich berichtete den beiden von meiner "Konversation". Jerry lächelte und sagte: "Lass uns ein Wunder erwarten!"

Der Arzt, der die Voruntersuchung durchführte, dämpfte das Licht im Raum, um Jerrys Auge besser untersuchen zu können. Kaum hatte er durch seine Instrumente einen Blick auf Jerrys Augapfel geworfen, sprang er buchstäblich auf und meinte: "Uns muss hier ein Fehler unterlaufen sein; die Infektion in Ihrem Auge ist im Vergleich zu gestern um mehr als fünfzig Prozent zurückgegangen! Was haben Sie von gestern auf heute gemacht?", fragte er mit leichter Aufregung in seiner Stimme.

Ich erzählte ihm von meiner "Konversation" auf dem Weg zur Klinik. Er starrte nur Jerry an, dann mich und sagte schließlich: "Nun, unter diesen Voraussetzungen möchte ich heute keine Operation an Ihnen vornehmen. Kommen Sie bitte morgen noch einmal zur Untersuchung, so dass ich mir dies noch einmal ansehen kann. Ach ja, und übrigens: Was immer Sie heute in Ihrer 'Konversation' unternommen haben – machen Sie es noch einmal vor unserem morgigen Termin!"

Am nächsten Tag fuhren wir wieder getrennt zum Krankenhaus. Und wieder führte ich auf der Golden Gate Bridge meine "Konversation" mit Mutter Teresa und Schwester Sylvia. Dieses Mal dankte ich den beiden für ihre Hilfe beim Rückgang der Infektion. Dann fragte ich sie, ob es möglich sei, wenn es im Einklang mit der göttlichen Ordnung stehe, auch die restlichen fünfzig Prozent der Infektion aufzulösen. Falls nicht, würden wir dies selbstverständlich akzeptieren.

Bei Jerrys zweitem Untersuchungstermin inspizierte der Arzt sein Auge noch gründlicher als am Tag zuvor; das Ergebnis der Untersuchung des Vortags war wohl eine zu große Überraschung für ihn gewesen. Nach eingehender Untersuchung des Auges legte er seine Instrumente aus der Hand, rollte mit seinem Bürostuhl in meine Richtung und sprach langsam und gefasst: "Die Infektion ist vollständig zurückgegangen. Im Moment besteht keine Notwendigkeit für eine Operation. Ich habe so etwas noch nie zuvor gesehen. Was ist hier passiert?"

Wir erzählten dem Arzt von meiner zweiten "Konversation" und fragten ihn, ob er irgendeine andere Erklärung für den vollständigen Rückgang der Infektion hätte. Er sagte, er hätte keine. Als wir ihn fragten, ob er an Wunder glaube, antwortete er: "Nun, vielleicht sollte ich das wohl lieber!"

Ein Grüner Star im fortgeschrittenen Stadium ist eine ernsthafte degenerative Erkrankung, die in fast allen Fällen zur Erblindung führt. Jerrys Eltern lebten beide bis weit über das neunzigste Lebensjahr hinaus und waren erblindet – sein Vater wie Jerry durch den Grünen Star, seine Mutter durch Makuladegeneration (eine

Erkrankung der Netzhaut am Punkt des schärfsten Sehens). Doch Jerrys Sehvermögen ist seit vielen Jahren konstant geblieben.

"Wunder geschehen auf natürliche Weise,
wenn wir bereit sind, unsere Wahrnehmung
zu verändern, um die Hindernisse zu beseitigen,
die unserem Bewusstsein um die Präsenz
der Liebe in unserem Leben im Wege stehen."
Ein Kurs in Wundern

Die heilende Kraft des Lachens

— Jerry und Diane —

Seit mehreren Jahren hatten wir als Hauptredner an den Konferenzen *The Healing Power of Laughter and Play* ("Die heilende Kraft des Lachens und Spielens") in vielen US-amerikanischen Städten teilgenommen. Bei jeder dieser Veranstaltungen wurden wir am Flughafen von einer Gruppe schrill gekleideter Clowns begrüßt. Selbst nach einem langen Flug sorgte dies immer wieder für Erheiterung und stellte sicher, dass wir bestens gelaunt ankamen. Der Verlauf dieser Konferenzen war an sich schon recht unvorhersagbar, doch sie erhielten immer wieder einen Schuss zusätzliche Spontaneität durch die Teilnahme von Comedians wie etwa Red Skelton und Steve Allen.

Bei einer Konferenz in Florida trafen wir eine Person, die uns half, unsere Wahrnehmungen zu verändern, was finanzielle Schwierigkeiten betrifft. Bei unserem Vortrag fragten wir zwischendurch, ob der eine oder andere der anwesenden Clowns vielleicht bereit wäre, uns zu erzählen, wie er dorthin gekommen sei, wo er heute ist. Viele von ihnen gaben ihre oft faszinierenden Geschichten zum Besten, doch eine von ihnen stach besonders heraus und berührte uns tief.

Ein besonders talentierter Clown begann mit seiner Geschichte, und schon bald hatte er die gespannte Aufmerksamkeit aller Teilnehmer. Vor seiner "Karriere" als Clown war er ein finanziell sehr erfolgreicher Rohstoffhändler an der Wall Street gewesen, bis er im Börsencrash Ende der 1980er Jahre alles verloren hatte.

Er beschloss, eine gründliche Neubewertung seiner Lebensziele vorzunehmen und stellte sich zum ersten Mal einige Grundsatzfragen: Was möchte ich in meinem Leben wirklich erreichen? Was würde mich glücklich machen? Die Antwort, die er darauf erhielt, war für ihn eine große Überraschung. Statt sein materielles Vermögen wieder aufzubauen, riet ihm eine innere Stimme: "Sei ein Clown!"

Er war bestürzt – bis er sich daran erinnerte, dass dies genau das war, was er ursprünglich hatte sein wollte, bevor finanzielle Ambitionen sein Leben beherrschten. Also schrieb er sich an einer Schule für Clowns ein – und nun war er hier. Am Ende seiner Ausführungen sagte er: "Ich verfüge zwar nicht mehr über materielle Reichtümer wie zuvor, doch glauben Sie mir: Ich bin der reichste und glücklichste Mensch, den Sie je treffen werden!"

Wenn wir Liebe geben und Menschen zum Lachen bringen,
kommt dies automatisch zu uns zurück.
Geld, materielle Besitztümer und Macht führen nicht
zwangsläufig zu anhaltendem Glück. Lachen ist ein
wunderbares Elixier, das uns hilft, uns selbst zu heilen.

Lehrer der Liebe

— Jerry und Diane —

Unsere langjährigen Freunde Jack und Eulalia Luckett, die in Waikiki, Hawaii, leben, sind zwei der unvoreingenommensten und fröhlichsten Menschen, die wir je kennengelernt haben. Für uns sind sie wie "Stadtmönche", obgleich sie sehr ins Weltgeschehen eingebunden sind. Sie haben immer Zeit, Menschen zu helfen, die Zuspruch, Hoffnung und Beistand brauchen.

Obwohl sie schon seit vielen Jahren auf einem spirituellen Weg sind, gehören sie doch keiner religiösen Gruppierung an. Vielmehr widmen sie sich jeden Tag der Aufgabe, Liebe und Glück zu verbreiten, wo immer sie sich aufhalten. Beide haben eine ganze Reihe von Traumata durchlebt; ihre Entscheidung, ein Leben des Gebens und der Unterstützung zu führen, hatten sie also ganz bewusst getroffen.

Eulalia war eine der ersten Frauen, die an der Universität Harvard ein Studium der Betriebswirtschaftslehre abgeschlossen hat. Jack war Rechtsanwalt und hatte zuvor als Bezirksstaatsanwalt gearbeitet. Er war Oberst der US-Marineinfanterie gewesen und hatte in Korea und Vietnam gekämpft, wo er fast umgekommen wäre. Als das *International Center for Attitudinal Healing* in den Anfangsjahren seine Räumlichkeiten noch in Tiburon hatte, war er dessen Leiter gewesen.

Eulalia trägt immer ein Kuvert mit kleinen, aus Pappe gestanzten Herzen in vielen verschiedenen Farben in ihrer Handtasche. Wenn sie zum Beispiel in einem Restaurant ist, fragt sie den Kellner oder die Kellnerin nach ihrem Namen und ihrer Lieblingsfarbe - und schenkt ihnen dann ein kleines Herz in genau dieser Farbe. In ausnahmslos jedem Fall erzeugt dies eine Atmosphäre von Liebe und Freude, wo Eulalia sich aufhält.

Jack und Eulalia lachen viel und nehmen sich selbst nicht allzu ernst. Menschen, die ihnen begegnen, fühlen sich in ihrer Gegenwart äußerst wohl und fröhlich. Sie leben wirklich in einem Bewusstsein des Gebens und der Fürsorge für andere. Wir hatten uns schon oft gefragt, wie sie es anstellen, stets so fröhlich und unbeschwert durchs Leben zu gehen, und kamen zu dem Schluss, dass dies so ist, weil sie für sich entschieden haben, nicht an negativen Emotionen wie Groll und Ärger festzuhalten. Wir haben von ihnen noch nie auch nur ein einziges negatives Wort über andere gehört.

Sie führen auch ein recht einfaches Leben und haben einen Großteil ihrer materiellen Besitztümer verschenkt. Geld und materielle Gegenstände waren noch nie ihr "Gott" gewesen. Ihr Leben ist ein lebendiges Beispiel für die absolute Hingabe an die Liebe und den Dienst am Mitmenschen. Ihr Lebensweg ist geradlinig und führt sie direkt zum Frieden. Sie reden nicht hochtrabend daher, kennen keine Dogmen und versuchen auch nie, andere Menschen zu verändern, was ihre Überzeugungen oder Einstellungen betrifft. Weil sie bedingungslose Liebe praktizieren, sind sie die Verkörperung des Heiligen Geistes mit all seiner Freude und seinem Frieden. Ihr Mitgefühl und ihre Großzügigkeit ist unweigerlich eine Inspiration für jeden Menschen, dem sie begegnen.

Wenn wir aktiv den Weg der Liebe beschreiten –
und dies leichten Herzens, mit offenen Augen und geduldiger
Sanftmut –, geben wir der Welt
ein kostbares und wertvolles Geschenk.

An Wunder glauben

— Jerry —

Ich war schon immer ein großer Bewunderer von Mutter Teresa und hatte gehofft, sie eines Tages einmal treffen und kennenlernen zu können. Da ein guter Freund von mir den Geistlichen kannte, der bei ihrem USA-Aufenthalt für ihre Terminplanung zuständig war, schaffte ich es, in die Liste der Personen eingetragen zu werden, denen es gestattet sein würde, ihre Bekanntschaft zu machen.

Da ich zu jener Zeit einen Vortrag in New York City halten sollte und Mutter Teresa sich auch gerade in der Stadt aufhielt, wurde für mich ein Treffen mit ihr am darauffolgenden Sonntag arrangiert. Doch am Freitagabend, zwei Tage vor unserem anberaumten Treffen, erhielt ich einen Anruf von den Eltern eines Kindes, dessen Krebserkrankung einen äußerst kritischen Zustand erreicht hatte. Da die Ärzte davon ausgingen, dass das Kind nur noch ein oder zwei Tage zu leben hätte, baten sie mich, nach San Francisco zurückzufliegen und die letzten Stunden mit ihm und seiner Familie zu verbringen. Ich sagte mein Treffen mit Mutter Teresa ab, und man sagte mir, wenn sie das nächste Mal die USA bereisen würde, würde ein neues Treffen für mich arrangiert werden.

Ungefähr ein Jahr später informierte man mich, dass Mutter Teresa am Wochenende des 4. Juli, dem amerikanischen Nationalfeiertag, nach Los Angeles kommen würde und ein zwanzigminütiges Treffen mit ihr für mich eingeplant wäre. Tatsächlich dauerte unser Treffen dann eine Stunde - und veränderte mein Leben von Grund auf. Allein in ihrer Gegenwart zu sein versetzte mich in einen Zustand unglaublich tiefen inneren Friedens. In diesem Gespräch bat ich sie, mich darin zu unterweisen, wie ich lernen kann, mich der Liebe und Gott hinzugeben.

Von einem ihrer Mitarbeiter erfuhr ich, dass Mutter Teresa am darauffolgenden Tag nach Mexiko City fliegen würde. Da ich zu jener Zeit keine dringenden Termine und Verpflichtungen hatte, sagte ich zu ihr: "Mutter, ich spüre solch einen tiefen inneren Frieden in deiner Gegenwart; könnte ich mit dir nach Mexiko City fliegen, um noch etwas mehr Zeit mit dir zu verbringen?"

Sie blickte sanft in meine Augen und sagte: "Dr. Jerry, ich habe nichts dagegen einzuwenden. Wenn du mitkommen willst, ist das in Ordnung." Mein Herz hüpfte vor Freude mit einem unhörbaren "Juchhu!" Doch ein paar Sekunden später fügte sie hinzu: "Du sagtest, du wärst zu mir gekommen, um mehr über die vollkommene Hingabe zu erfahren. Ich glaube, du würdest mehr über sie lernen, wenn du, statt mit mir nach Mexiko zu fliegen, das Geld für den Flug Armen und Bedürftigen spenden würdest ..."

An jenem Tag war ich auf die tiefe, profunde Lektion, die ich lernen sollte, nicht vorbereitet gewesen, doch ich flog zurück nach San Francisco und spendete das Geld, das ich für den Flug nach Mexiko City ausgegeben hätte, den *Missionaries of Charity*, den Schwestern der Mutter Teresa.

Mutter Teresa hatte mich gelehrt, dass wahre Heilung immer in der Gegenwart erfolgt. Indem ich von meinem Wunsch abließ, mehr Zeit mit ihr in Mexiko zu verbringen, und das Geld für den Flug stattdessen Armen und Bedürftigen spendete, war der Lohn dafür ein Gefühl tiefen inneren Friedens und einer Anmut, wie ich sie bisher noch nie gekannt hatte.

Als Mutter Teresa nach Kalkutta zurückgekehrt war, schrieb ich ihr einen Brief, in dem ich mich für das Geschenk des Wissens bedankte, das sie mir bei unserem Treffen gemacht hatte. Zu meinem größten Erstaunen erhielt ich sechs Wochen später eine von Hand geschriebene Antwort von ihr, und dies war der Beginn eines Briefwechsels zwischen uns, der für mich ein großer Segen war.

Einige Jahre später war ich auf einer ausgedehnten Vortragsreise, die mich auch nach Bombay, Indien, führte. Die Veranstalter wussten, dass Mutter Teresa und ich uns kannten, und fragten mich, ob ich sie vom Haus der *Missionaries of Charity* abholen und sie zur Konferenz geleiten könnte, wo sie einen Vortrag halten sollte.

Ich stimmte zu, setzte mich mit meinem Sohn Lee, den ich mit auf diese Reise genommen hatte, in ein Taxi, und wir fuhren los. Auf dem Weg durch die Stadt hatte ich mit meinem Sohn eine Meinungsverschiedenheit darüber, ob wir Kindern, die offensichtlich leprakrank waren und keine Finger mehr hatten und die bei roten Ampeln auf unser Taxi zukamen und um Geld bettelten, tatsächlich welches geben sollten. Wir hatten nämlich Bedenken, dass dies vielleicht die Eltern anderer, gesunder Kinder dazu animieren würde, ihren Kindern die Finger abzuschneiden. Als wir mit Mutter Teresa zur Konferenz fuhren, fragten wir sie deshalb, wie sie mit dieser Situation umgehe. Sie antwortete: "Die Gerüchte über einige Eltern, die ihren Kindern die Finger abschneiden, treffen zu. Deshalb segne ich sie einfach und schicke auch ihren Eltern einen Segen."

Am Veranstaltungsort war eine große Pressekonferenz für Mutter Teresa organisiert worden, und sie bat mich, diese zu leiten – etwas, das ich noch nie zuvor getan hatte. Unmittelbar danach sollte sie an verschiedenen anderen Veranstaltungsorten Vorträge halten, und drei Autos trafen ein, um sie zu begleiten: Im ersten Wagen saßen ein Arzt und einige kirchliche Würdenträger, im zweiten Mutter Teresa und im letzten eine Gruppe von Schwestern.

Lee und ich waren schon im Begriff, uns von ihr zu verabschieden, als sie fragte: "Hättest du und dein Sohn Lust, mich auf meiner Vortragsreise zu begleiten?" Wir mussten nicht lange über unsere Antwort nachdenken und sagten sofort zu!

Unterwegs fiel Lee plötzlich ein, dass er ja ein Diktiergerät bei sich hatte; er fragte Mutter Teresa, ob er ein Interview mit ihr führen dürfe, und sie willigte ein. Eine der Fragen, die mein Sohn ihr stellte, war: "Ich stehe kurz vorm Abschluss meiner Promotion in Psychologie. Was sind Ihrer Ansicht nach die wichtigsten Charakter- und Wesenszüge, die Menschen in Heilberufen aufweisen sollten?"

"Demut, Bescheidenheit und Sanftmut", antwortete sie. Ich konnte es mir nicht verkneifen, darauf zu erwidern: "Mutter, diese Eigenschaften werden an den Lehrstätten in den USA nicht unterrichtet."

Etwas später trafen wir in einer Stadt ein, in der sich bereits 3.000 Menschen versammelt hatten, um Mutter Teresa zuzuhören. Doch da keine Polizei- oder Sicherheitskräfte vor Ort anwesend waren, mussten Lee und ich als Personenschutz für Mutter Teresa fungieren und sie durch die Menge auf die Bühne eskortieren.

Nachdem wir wieder zu Hause eingetroffen waren, stellten wir zu unserer Verblüffung fest, dass wir tatsächlich über neun Stunden mit Mutter Teresa im selben Wagen gesessen hatten. Wenn Leute mich heutzutage fragen, ob ich wirklich an Wunder glaube, brauche ich nicht lange, um zu antworten: "Und wie!"

Es gibt keine Zufälle. Wenn wir uns vom Ausgang
eines Geschehens vollkommen lösen und die Dinge fließen
lassen, öffnen sich neue Türen für uns.
Wenn wir loslassen, werden wir empfangen; wenn wir geben,
werden wir dazugewinnen.

Ein Häufchen Zucker

— Jerry und Diane —

Als wir mit Mutter Teresa einen Ort etwas außerhalb von Rom besuchten und mit ihr zwischen den Ruinen einer antiken Kirche saßen, verbrachten wir viele Stunden mit Gesprächen. Dabei erzählte sie uns auch von einem Erlebnis, das sie vor kurzem in Kalkutta, Indien, gehabt hatte.

Sie erwähnte einen kleinen Jungen, etwa sechs Jahre alt, der aus derselben von Armut gezeichneten Nachbarschaft kam wie sie selbst und viele ihrer Schwestern. Er hatte von Mutter Teresa und ihren Schwestern gehört und wollte ihnen irgendwie helfen.

Früh an einem Morgen kam der Junge auf sie zu. Bevor er sie ansprach, schaute er zu ihr auf und öffnete langsam seine Hand, in der sich ein kleines Häufchen Zucker befand. Mit seiner dünnen, aber klaren Stimme sagte er: "Mutter, ich habe gehört, dass du keinen Zucker mehr hast." Deshalb habe er seine Ration aufbewahrt, um sie Menschen zu geben, die sie nötiger brauchen als er.

Mit Tränen in den Augen erzählte uns Mutter Teresa: "Wisst ihr, Menschen geben uns tonnenweise Geschenke und Vorräte aller Art, um uns und unsere Arbeit zu unterstützen, und natürlich sind wir jedes Mal sehr dankbar dafür. Doch als der Junge so vor mir stand mit dem Zucker in der Hand – da wurde mir bewusster als je zuvor, dass es im Leben nicht darum geht, wie viel wir geben. Viel wichtiger ist die Liebe, mit der wir etwas geben – und sei es auch noch so klein ..."

Wann immer wir noch dazu neigen, uns selbst zu "messen" oder ein Urteil über uns selbst zu fällen für das, was wir getan oder nicht getan haben, erinnern wir uns nun an Mutter Teresas Worte und nutzen sie als Wegweiser in unserem Leben.

Wenn wir etwas von Herzen geben, tun wir es ohne Bedingungen und Erwartungen. Wirklich zu geben heißt, nichts zurückzuerwarten, denn wir bringen Liebe zum Ausdruck — das größte Geschenk der Welt.

Einlegesohlen der besonderen Art

— Jerry —

Vor einigen Jahren gab es eine Phase in meinem Leben, in der ich lange Zeit an Gefühlen von Wut auf und Enttäuschung über mich selbst festhielt. Obwohl ich zu jener Zeit bereits ein Buch zum Thema Vergebung geschrieben hatte, hatte ich doch große Schwierigkeiten, mir selbst zu vergeben. Eines Abends ging ich zu Bett und bat das Universum um Hilfe.

Mitten in der Nacht wachte ich dann auf und hatte eine Idee: Ich sollte, so sagte mir eine innere Stimme, eine kleine Einlegesohle anfertigen, die in meinen Schuh passen und die Aufschrift tragen sollte: "Möge jeder deiner Schritte einer der Vergebung sein."

Meine Annahme dabei war: Wenn mir dies helfen könnte, könnte es vielleicht auch für andere hilfreich sein. Also entwarf ich solch eine Einlegesohle mit dem obigen Satz und der Website-Adresse unseres Zentrums darauf. Wir sagen den Menschen, die diese Einlegesohlen in ihren Schuhen haben, dass sie damit bei jedem ihrer Schritte nicht nur daran erinnert werden zu vergeben, sondern dass dies auch helfen wird, ihre Seele zu heilen.

Über die Jahre wurde die Aufschrift auf den Einlegesohlen in viele Sprachen übersetzt und die Sohlen zu Zehntausenden verteilt. Wenn wir zum Beispiel ein Restaurant besuchen, geben wir oft den Bediensteten welche und sagen ihnen, wenn ihnen jemand das Leben schwer mache, würden diese Einlegesohlen sie daran erinnern, Vergebung zu üben, und das Lächeln auf ihr Gesicht zurückzaubern.

Wenn wir auf Flughäfen vom Sicherheitspersonal aufgefordert werden, unsere Schuhe auszuziehen, zeigen wir ihnen unsere Einlegesohlen; sie lachen dann nicht nur oft darüber, sondern bitten uns mitunter auch um ein Paar. Einer der Sicherheitsbediensteten sagte einmal: "Ich glaube, ich selbst brauche keine – aber meine Frau auf jeden Fall!"

Wir brauchen jede nur verfügbare Hilfe,
um uns daran zu erinnern,
dass Vergebung genauso wichtig ist wie Atmen.

"Attitudinal Healing" und die Polizei

– Jerry und Diane –

Im Mai 2005 folgten wir einer Einladung des *Center for Attitudinal Healing* in Brasilien, Vorträge und Workshops in São Paulo und Brasília abzuhalten. Uns wurden nur wenige Informationen zum Veranstaltungsrahmen gegeben; was wir wussten, war, dass Polizeibeamte außer Dienst auf freiwilliger Basis daran teilnehmen würden. Um ehrlich zu sein: Wir hatten schon einige Bedenken, was die Aufgeschlossenheit und Empfänglichkeit dieser Berufsgruppe für unsere Botschaft betrifft, doch wir ließen alle Gefühle von Zweifel und Ungewissheit los und vertrauten auf unsere innere Stimme, uns den richtigen Weg zu weisen. Ebenso ließen wir jegliche Bindung an Ausgang und Ergebnis der Veranstaltung los.

Mit mehr als achtzehn Millionen Einwohnern ist São Paulo eine der größten Städte der Welt. Wie andere große Metropolen hat São Paulo viele positive Facetten, doch auch hier herrschen dieselben Probleme wie in anderen Großstädten: Gewalt, Kriminalität, Drogenmissbrauch und ein riesiges Heer von Obdachlosen. Unsere Gastgeber, Luiz und Rita Pontes vom brasilianischen *Center for Attitudinal Healing*, hatten eigentlich nicht mehr als zwanzig bis vierzig Polizeibeamte erwartet. Doch zur Überraschung aller Beteiligten waren es dann über dreihundert Polizisten, von denen viele gerade Dienstschluss hatten und direkt vom Revier kamen - immer noch mit schusssicheren Westen und Pistole im Halfter.

Bevor wir unseren Vortrag begannen, trafen wir uns mit dem Leiter eines Polizeiabschnitts im Süden der Stadt, dem 3.500 Polizeibeamte unterstellt waren. Er sagte, das Thema unseres Vortrags, "*Attitudinal Healing* im Polizeidienst", würde ihn faszinieren, und er werde auf jeden Fall dabei sein. Wir gaben ihm ein Paar unserer "Vergebung"-Einlegesohlen, die ihm so sehr gefielen, dass er sie sofort in seine Schuhe steckte. Dann unterhielten wir uns noch über die Wichtigkeit der Rolle der Polizei beim Schutz der Zivilgesellschaft – und wie gut die Polizeikräfte gelernt hätten, diesen zu gewährleisten – und fügten hinzu, dass sie leider oft viel weniger Erfolg dabei hätten, ihre Familien und sich selbst im gleichen Maße zu schützen. Das Ausmaß an häuslicher Gewalt, an Alkohol- und Drogenmissbrauch sowie die Scheidungsrate ist in Familien, in denen einer der Ehepartner im Polizeidienst arbeitet, überdurchschnittlich hoch. Wir sprachen darüber, wie die Anwendung der Prinzipien des *Attitudinal Healing* eine alternative Perspektive in Bezug auf die Themen Angriff und Verteidigung aufzeigt – und auch in Bezug darauf, wie wir unsere mitunter doch recht düstere Welt betrachten.

Bei der Diskussionsrunde, die sich an unseren Vortrag anschloss, kamen unter anderem auch ein Polizist und eine Polizistin zu Wort, die bereits in einer *Attitudinal Healing*-Selbsthilfegruppe in ihrer Stadt aktiv gewesen waren. Der Polizist erzählte uns, er wäre bei der Marineinfanterie gewesen, bevor er in den Polizeidienst gewechselt war. Dort hätte er gelernt zu hassen und zu töten, und in dieser Anschauung hätte er sich noch bestärkt gefühlt, als er dann zur Polizei kam. Durch die Prinzipien des *Attitudinal Healing*, so sagte er, hätte sich sein Weltbild aber langsam verändert; nun konnte er sehen, dass Verbrecher und Kriminelle eigentlich aus der Angst in ihrem Herzen heraus so handelten, wie sie es taten.

Die Polizistin erzählte uns, dass sie vor einiger Zeit aufgrund von Auseinandersetzungen mit ihrem unmittelbaren Vorgesetzten eine Freistellung vom Dienst beantragt hatte. Auch sie hat für sich herausgefunden, dass die Gruppe ihr geholfen hat, viele Dinge aus einem anderen Blickwinkel zu sehen. Sie praktizierte Vergebung, kehrte auf ihre Dienststelle zurück – und die Beziehung zu ihrem Vorgesetzten gestaltete sich seitdem harmonisch.

Gegen Ende der Veranstaltung sagte uns der Leiter des Abschnitts, dass *Attitudinal Healing* genau der Ansatz im Umgang mit Menschen und Situationen sei, auf den er gewartet hätte. Er äußerte den Wunsch, alle 3.500 Polizeibediensteten seines Abschnitts von Luiz und Rita in den Prinzipien des *Attitudinal Healing* schulen zu lassen. Und er bat uns, ihm 3.500 Paar Einlegesohlen mit portugiesischer Aufschrift für seine Polizisten zukommen zu lassen!

Egal, welche Art von Arbeit wir verrichten –
Vergebung kann eine wichtige Rolle dabei spielen,
wie wir unser Leben führen.

Das AIDS-Poster

— Jerry und Diane —

Im Jahre 1985 hielten wir einen Vortrag im Hauptquartier der Vereinten Nationen in Santiago, Chile, umgeben vom Meer und majestätisch aufragenden, schneebedeckten Berggipfeln. Während unseres Aufenthalts besuchten wir auch eines der städtischen Krankenhäuser, wo wir mit dem Leiter der pädiatrischen Onkologie zusammentrafen.

Er erzählte uns, dass kurz zuvor das erste an AIDS erkrankte Kind ins Krankenhaus eingeliefert worden war, und fügte hinzu, dass seine Mitarbeiter - ebenso wie die allgemeine Öffentlichkeit - schlecht darüber informiert seien, wie Menschen sich mit AIDS infizieren und infolgedessen befürchteten, sich mit der Krankheit anzustecken. Er fragte uns, ob wir irgendwelche Ideen hätten, wie man diese weitverbreitete Fehlannahme beheben könnte.

"Da Chile größtenteils eine patriarchalische Gesellschaft ist", antworteten wir, "werden die Menschen dazu neigen, Ihre Handlungen als führender Mediziner zu akzeptieren. Wir schlagen deshalb vor, dass Sie eine Pressekonferenz abhalten und dazu alle Medien - Zeitungen, Zeitschriften, Radio und Fernsehen - einladen. Lassen Sie sich dann im Rahmen dieser Pressekonferenz mit dem Kind fotografieren, wie Sie es gerade umarmen. Dieses Foto wird den Menschen klarer und deutlicher als tausend Worte vermitteln, dass man sich nicht durch Umarmungen oder Berührungen mit AIDS infizieren kann."

Einige Zeit später schrieb er uns und ließ uns wissen, dass er, wie von uns vorgeschlagen, solch eine Pressekonferenz organisiert hatte und dass sie ein voller Erfolg gewesen sei. Da die Ängste und Verwirrungen darüber, wie AIDS übertragen wird, natürlich nicht nur auf Chile begrenzt waren, kamen wir zu dem Schluss, dass wir zusätzliche Maßnahmen ergreifen müssten, um einen Wandel in der öffentlichen Wahrnehmung herbeizuführen, was AIDS im Allgemeinen und Kinder mit dieser Erkrankung im Besonderen betrifft. Dazu wollten wir ein Bild mit einer kurzen Botschaft entwerfen, das den Betrachter mit nur einem Blick darauf über den wahren Sachverhalt aufklärt – denn in unserer schnelllebigen Zeit ist dies so ziemlich die einzige Möglichkeit, die Aufmerksamkeit von jemandem zu erhalten. Die Herausforderung war also, wie wir die wichtigsten Botschaften in nur einem einzigen Bild vermitteln konnten.

Nachdem wir über diese Frage meditiert und um innere Führung gebeten hatten, was wir tun sollten, wussten wir, dass wir der AIDS-Krankheit ein Gesicht geben wollten, das die Herzen der Menschen öffnen und gleichzeitig auf die psychischen und sozialen Bedürfnisse der mit AIDS infizierten Menschen hinweisen würde, die aufgrund ihrer Erkrankung von der Gesellschaft zunehmend isoliert wurden. Wichtig war uns auch, die Menschen darüber aufzuklären, dass man sich durch alltäglichen beiläufigen Kontakt mit AIDS-Kranken nicht infizieren konnte. Dazu brauchten wir ein einfaches Bild, das alle kulturellen Unterschiede überbrücken würde. Wir wussten schon, was wir den Menschen vermitteln wollten, hatten aber noch keine Vorstellung davon, wie das fertige "Produkt" aussehen sollte.

Dann fiel uns ein, dass Jack Keeler, der Schöpfer der Cartoon-Figur *Granny Goose* und anderer Logos, der auch schon drei unserer Bücher illustriert hatte, vielleicht helfen könnte.

Wir informierten Jack über unser Anliegen, doch er sperrte sich zunächst gegen die Idee mit dem Argument: "Ich bin Co-

miczeichner. Ich zeichne Cartoons, die lustig sind, und was soll an einem mit AIDS infizierten Kind lustig sein?" Darauf antworteten wir ihm, dass es uns nicht darum ginge, einen lustigen Cartoon zu produzieren, sondern vielmehr ein Bild, das die Menschen aufklären und ihre Herzen direkt ansprechen sollte. Jacks Antwort: "Ich habe keine Ahnung, wie ich das anstellen soll."

Wir erklärten ihm, wir seien uns bewusst, dass er dies nicht wüsste - und dass das in Ordnung sei. Wir fügten hinzu, wir wüssten auch, dass er nicht willens sei, sich um Hilfe an Gott zu wenden, schlugen ihm aber trotzdem vor, dies zu tun. Darauf antwortete Jack: "Okay, ich versuche es. Aber ich glaube nicht, dass es funktionieren wird."

Eine Woche später besuchte er uns und trug ein Zeichenbrett mit einem einzigen Blatt Papier darauf bei sich. Und da war es - ein Bild, das auf perfekte Weise alles enthielt, was uns vorschwebte. Jack hatte mit einfachen Strichen ein Kind gezeichnet, das mit ausgestreckten Armen in einem Feld voller Blumen stand. Darunter sagte der Bildtext: *"Ich habe AIDS. Bitte drück mich - keine Bange, das steckt dich nicht an."*

Es war ein perfektes und gleichzeitig so einfaches und verständliches Bild, dass wir vor Freude und Dankbarkeit weinten. Jack war tatsächlich auf unseren Vorschlag eingegangen und hatte sich beim Entwurf dieses Cartoons von Gott leiten lassen.

Im Jahre 1987 ließen wir diese Zeichnung dann als Poster drucken, wobei wir ihm auch Informationen zu unserem Zentrum und die Nummer der damals landesweit ersten AIDS-Telefon-Hotline für Kinder, die von unserem Zentrum aus betrieben wurde, hinzufügten. Jacks Zeichnung wurde das weltweit am meisten verbreitete AIDS-Poster, das auch von der Weltgesundheitsorganisation (WHO) in Genf übernommen und eingesetzt wurde. Die WHO bezeichnete dieses Poster später als eines der bis heute international effektivsten AIDS-Aufklärungswerkzeuge, das je existierte. Der Bildtext wurde in zahlreiche Sprachen übersetzt und das Poster in über einhundertvierzig Ländern verbreitet. Jeder konnte es auf Wunsch kostenlos erhalten, und wir stellten es auch anderen Organisationen zur Reproduktion zur Verfügung, wobei sie dem Poster Adressen und Telefonnummern ihrer eigenen Unterstützungsnetzwerke vor Ort hinzufügen konnten.

Die AIDS-Hotline entwickelte sich zu einer wertvollen Informationsquelle für Erwachsene, Teenager und Kinder sowie für Lehrer, Erzieher und Religionsführer. Eines der Ziele, die wir mit der Hotline verfolgten, war, eine Anlaufstelle für Menschen bereitzustellen, die an Hämophilie (Bluterkrankheit) litten und sich durch verunreinigte Blutkonserven mit dem AIDS-Virus infiziert hatten. Unser Wunsch war es, diesen Menschen zu helfen, aus dem Verborgenen wieder hervorzutreten und die Unterstützung zu erhalten, die sie so dringend benötigten. Unser Plan ging auf, und viele Krankenhäuser richteten danach ihre eigenen Telefon-Hotlines ein.

Die inspirierendsten Ideen
sind oft die einfachsten.
Liebe ist nicht kompliziert — es sei denn,
wir beabsichtigen, sie zu verkomplizieren.

Eine Geschichte von Vergebung und Heilung

— Jerry —

Patsy Robinson war eine gute, inzwischen leider verstorbene Freundin von uns seit den Anfangszeiten des *Center for Attitudinal Healing*, dessen Mitbegründerin sie war. Eines Tages besuchte ich sie, und zu jener Zeit hatte sie ernsthafte gesundheitliche Probleme vor allem mit dem Atemtrakt, was zur Folge hatte, dass sie fast durchweg an ein Sauerstoff-Beatmungsgerät angeschlossen war. Sie hegte auch noch einen tiefen Groll gegenüber einem Mann, den sie ursprünglich als Freund angesehen hatte, bis er sie um eine erhebliche Summe betrog. Sie hatte versucht, ihm zu vergeben, hatte aber keinen Erfolg damit gehabt.

Sie bat mich um Hilfe, und ich erzählte ihr einige meiner eigenen Erfahrungen mit dem Verleihen von Geld und meinen damaligen Vorstellungen, was "faires" Verhalten in dieser Hinsicht angeht. Dabei wies ich darauf hin, dass das zwanghafte Festhalten an meinen früheren Vorstellungen von Fairness und Gerechtigkeit meinem inneren Frieden im Wege gestanden hatte und ein Hindernis auf meiner spirituellen Reise gewesen war. Ich fügte noch hinzu, dass ein klärender Brief oft dazu beitragen kann, einen Streit zwischen den beiden Konfliktparteien beizulegen.

Einige Tage später schickte sie mir per E-Mail eine Kopie des Briefs, den sie diesem Mann geschrieben hatte. Nachdem ich ihn durchgelesen hatte, war ich beeindruckt von der Kraft in

Patsys Worten; ihre Zeilen waren grundehrlich und erzeugten eine Atmosphäre, in der es möglich war, die Vergangenheit loszulassen. Der Brief war ein eindrucksvolles Beispiel für die Kraft des Loslassens und der Vergebung – so bemerkenswert, dass ich ihn hier gern zitieren möchte. Der Name des Mannes wird zum Schutz seiner Privatsphäre natürlich nicht erwähnt.

29. Juli 2004

Gestern hatte ich ein langes Gespräch mit Jerry Jampolsky, in dem es um Vergebung ging und darum, wie wichtig Vergebung in unserem Leben ist, um inneren Frieden wiederherzustellen und auf dem eigenen Lebensweg voranzuschreiten. Das ist etwas, woran mir auch jetzt gerade viel gelegen ist. Ich schreibe Dir diesen Brief ohne Erwartungen irgendwelcher Art. Ich schreibe ihn, um mir selbst zu helfen, schmerzhafte Erinnerungen hinter mir zu lassen.

Bis gestern dachte ich, ich hätte Dir vergeben für das, was sich für mich anfühlte wie ein Betrug an unserer Freundschaft. Mein Vertrauen in Dich war gestört, und ich empfand es als eine Verletzung gegenseitigen Respekts. Heute muss ich mir eingestehen, ich hatte das Ganze nur auf Eis gelegt, und jedes Mal, wenn ich den Groll wieder spüre, unterdrücke ich ihn noch mehr. Dies erzeugt kein Gefühl von Frieden.

Ich sage es nochmals: Ich erwarte nichts von Dir. Mir geht es nicht um Geld – darum ist es noch nie gegangen. Mir geht es um Freundschaft – und um alles, was dazugehört. Und was das betrifft, war ich enttäuscht.

Für mich ist das Wichtigste im Moment, meine Gefühle von Groll und Verärgerung loszulassen. Das ist deshalb für mich wichtig, weil diese Gefühle wie Gewichte sind, die ich nicht länger mit mir herumtragen möchte.

Deshalb vergebe ich Dir. Ich vergebe dir in der Hoffnung, dass dies jegliche negative Energie auflösen wird, die wir aufgrund dessen, was geschehen ist, vielleicht noch in uns tragen.

Ich wünsche Dir alles Gute.

Man kann alles vergeben. Wenn wir für uns selbst ohne jeden Zweifel feststellen, dass das Festhalten an Groll und Ärger nur unserer Gesundheit schadet und uns die Lebensfreude nimmt, dann können wir wirklich loslassen. Vergebung bedeutet nicht, dass wir über das, was geschehen ist, einfach hinwegsehen oder es stillschweigend dulden; es bedeutet vielmehr, dass wir bereit sind, unseren eigenen Geist zu heilen, indem wir erkennen, dass das Festhalten an Groll und Ärger nicht nur nutzlos, sondern sogar nachteilig für uns selbst, unsere Gesundheit und Lebensfreude ist.

Die Lehrerin der Vergebung

— Jerry und Diane —

Vor einigen Jahren unternahmen wir eine Reise nach Ghana, um uns über die Arbeit des dortigen Zentrums für *Attitudinal Healing* zu informieren. Mary Clottey, die Leiterin des Zentrums in Accra, der Hauptstadt von Ghana, erzählte uns die folgende Geschichte.

Mary unterrichtete an einer Grundschule, an der es zwischen den Schülern immer wieder zu Kämpfen und handgreiflichen Auseinandersetzungen kam. Mit Hilfe der Prinzipien des *Attitudinal Healing* brachte sie den Kindern bei, Meinungsverschiedenheiten ohne Hass, Zorn oder Gewalt auszutragen. Tatsächlich nannten ihre Schüler sie oft "die Lehrerin der Vergebung".

Ein besonders schwerer "Fall" war ein zehnjähriger Junge, der alles und jeden terrorisierte und fortlaufend den Unterricht und die Schüler um ihn herum störte. Egal, wo er auftauchte, beschädigte oder zerstörte er nahezu alles um sich herum, übernahm aber nie die Verantwortung für sein Handeln. Eines Tages wurde er dabei erwischt, wie er Geld aus der Handtasche seiner Lehrerin stahl. Der Schulleiter erfuhr davon und berief eine Versammlung der gesamten Lehrer- und Schülerschaft ein. An dieser Schule war es üblich, den Übeltäter auf die Bühne zu stellen und mit Stockschlägen zu traktieren, während alle Lehrer und Schüler gezwungen waren zuzuschauen. Der Schulleiter wollte an diesem Jungen ein Exempel statuieren und ihn danach der Schule verweisen.

An dem Tag, an dem die öffentliche Bestrafung stattfinden sollte, versammelten sich alle Lehrer und Schüler im Auditorium der Schule. Als der Junge auf die Bühne geführt wurde, stand Mary – die zuvor noch alles versucht hatte, um die Bestrafung mittels Stockschlägen zu verhindern – langsam auf. Sie war just im Begriff, laut "Vergeben Sie ihm!" zu rufen, als alle Schüler um sie herum aufsprangen.

"Vergeben Sie ihm, vergeben Sie ihm, vergeben Sie ihm!", begannen die Kinder um sie herum zu skandieren. Schon bald schlossen sich einige ältere Schüler dem Sprechchor an: "Vergeben Sie ihm, vergeben Sie ihm, vergeben Sie ihm!" Schließlich schallte es im Auditorium wie mit einer Stimme: "Vergeben Sie ihm, vergeben Sie ihm, vergeben Sie ihm!"

Verblüfft und sprachlos starrten der Schulleiter und der Junge von der Bühne ins Auditorium, und der Junge brach in sich zusammen und begann zu schluchzen. Der Schulleiter hatte ein Einsehen, umarmte den Jungen – und auf einmal wich die Atmosphäre von Wut und Angst im Auditorium einer von Mitgefühl und Liebe. Und dies nur, weil eine Lehrerin die Zivilcourage hatte aufzustehen.

Der Junge erhielt weder Stockschläge noch wurde er der Schule verwiesen. Stattdessen wurde ihm vergeben und Liebe entgegengebracht – nicht nur von den Schülern, sondern auch vom Schulleiter und den Lehrern. Von diesem Tag an brach der Junge keinen einzigen Streit mehr vom Zaun, stahl und zerstörte nichts mehr und störte auch nicht mehr den Unterricht. Im Verlauf des Schuljahrs tat er sich sogar als einer der besten Schüler hervor und schloss Freundschaften mit vielen Mitschülern.

Viele Leute an der Schule hielten die Maßnahme des Schulleiters, eine Versammlung der gesamten Schule einzuberufen und den Jungen vor allen Versammelten mit Stockschlägen zu bestrafen, für zu hart und zu streng. Doch auch ihm, dem Schulleiter, wurde vergeben, und als Folge davon herrschte an der Schule fortan ein neues, sehr viel liebevolleres Umfeld, in dem Schüler und Lehrer harmonisch und effektiv miteinander arbeiten konnten.

Wenn wir an Groll und Ärger festhalten,
legen sich dunkle Schatten auf unseren Geist und
die Welt um uns herum. Wenn wir vergeben und Liebe
schenken, überstrahlt das Licht die Finsternis,
und die Schatten verschwinden. Liebe ist
die stärkste Heilkraft im Universum.

Mitgefühl entwickeln,
wo keines vorhanden ist

— Diane —

Vor einiger Zeit hatten wir ein mit uns befreundetes Paar zum Abendessen in unser Domizil auf Hawaii eingeladen. Im Verlauf des Abends erzählten sie uns von ihrer Nachbarin und darüber, wie zornig sie über deren Sohn seien und die Art und Weise, wie er seine Mutter behandelt. Da die beiden sich als ein einfühlsames und teilnahmsvolles Paar mit hohem spirituellem Bewusstsein betrachteten, waren sie umso irritierter darüber, dass sie nicht imstande waren, ihre Gefühle von Wut und Verurteilung gegenüber dem Sohn aufzulösen.

Die Nachbarin litt schon seit langer Zeit an einer schweren Krankheit, und das mit uns befreundete Paar gehörte zu einer Gruppe von Menschen, die ihr aus freien Stücken halfen und sie unterstützten. Der Sohn lebte auf dem Festland, und zwischen ihm und seiner Mutter herrschte nicht nur räumlich eine große Distanz, sondern auch menschlich – sie hatten unterschiedliche Ansichten, nicht zuletzt, was das Thema Geld betraf. Er zeigte im Grunde überhaupt kein Interesse am Wohlergehen seiner Mutter und der Behandlung, die sie erhielt. Doch nun, da sie im Sterben lag, war er nach Hawaii gekommen, um sie dazu zu bringen, ein Geschäftsvorhaben zu finanzieren, das er geplant hatte. Dieser völlige Mangel an Interesse und Anteilnahme seitens des Sohns trieb unsere Freunde zur Weißglut.

Wir führten ein langes Gespräch, doch nach einiger Zeit wurde Jerry und mir klar, dass nichts, was wir unseren Freunden sagten, sie dazu bewegen würde, den jungen Mann nicht mehr zu verurteilen - trotz der Tatsache, dass sie bestrebt waren, die Situation mit anderen Augen zu sehen und versuchten, auch ihm Mitgefühl entgegenzubringen.

Als ich mit unserer Freundin in der Küche stand, konnte ich ihre Verzweiflung noch deutlicher spüren. Ich öffnete die Herdklappe, holte unser Abendessen aus dem Backofen - und bat in dem Moment um innere Führung, dass ich die richtigen Worte finden möge, um diesem wundervollen Paar zu helfen. Mit der Auflaufform in der Hand wandte ich mich vom Backofen meiner Freundin zu, und wie von selbst kamen aus meinem Mund die Worte: "Ich habe Mitgefühl für diesen jungen Mann, denn er wird den Rest seines Lebens als er selbst leben müssen. Er wird vollkommen auf sich allein gestellt sein und alles, was er denkt, sagt und tut, auf seiner ganzen Lebensreise mit sich nehmen. Das ist schon eine ganze Menge, womit er da zu leben hat."

Kaum hatte ich dies ausgesprochen, schien es, als ob eine Glühbirne im Kopf meiner Freundin eingeschaltet worden wäre; ihr Gesicht hellte sich auf, und sie strahlte geradezu. Sie ging zu ihrem Mann ins Esszimmer und erzählte ihm meine Sicht der Dinge - und auch er strahlte. Beide sagten mir später, diese Worte von mir seien der Wendepunkt für sie in Bezug auf ihre Ansichten und Überzeugungen hinsichtlich des Sohns gewesen. Von jenem Moment an waren sie imstande, dem Sohn zu vergeben, und später schrieben sie uns, dass dies von dauerhafter Wirkung war.

Wenn wir an unseren Urteilen über eine
bestimmte Person festhalten, können wir zu
einer neuen Sicht der Dinge gelangen,
wenn wir ein Gefühl für die Bürde bekommen,
die diese Person gedanklich mit sich herumträgt.

Schuldgefühle im Elternhaus

— Jerry —

In meiner Familie gehörten Schuldgefühle zum festen Bestandteil des Alltagslebens. Sie waren wie das Brot und die Butter meiner Mahlzeiten, wie die Luft, die ich atmete. Mitunter druchdrangen sie mein Leben so sehr, dass ich mich fragte, ob es wohl so etwas wie ein "Schuldgen" geben könnte, das wir alle vererbt bekommen haben! Das Erzeugen von Schuldgefühlen war auch eines der bevorzugten Kontrollinstrumente meiner Eltern: "Iss auf - in Indien sterben Kinder vor Hunger!" "Iss kein Fleisch - sonst wird Gott dich mit dem Tod bestrafen!" Dies sind nur einige wenige von vielen Ermahnungen, die ich mir tagtäglich anhören musste.

Als Folge davon hatte ich immer große Probleme, Entscheidungen zu treffen, weil ich Angst davor hatte, einen Fehler zu machen - was dann natürlich prompt zu eben diesem Fehler führte. Als Kind war ich hyperaktiv, tollpatschig, verschüttete ständig Getränke und verursachte nahezu überall, wo ich hinging, Chaos und Durcheinander. Alles, was ich tat, schien verkehrt zu sein. Wenn meine Eltern die Stirn runzelten, ging ich immer davon aus, dass ich verantwortlich dafür war. Wo immer ich hinging, schwebte eine dunkle Wolke aus Schuldgefühlen über mir.

Diese Schuldgefühle hielten mich lange Zeit davon ab, einen spirituellen Weg zu gehen, denn ich glaubte, Gott wartete nur darauf, dass ich einen Fehler machen würde, so dass "Er" mir die "gerechte" Bestrafung zukommen lassen konnte. Es ist unmöglich, das, was wir fürchten, zu lieben und ihm zu trauen. Diane und ich verstehen nun, dass das vom Ego aufgestellte Gesetz der Schuld uns entweder dazu veranlasst, uns selbst anzugreifen und zu bestrafen oder unsere Schuldgefühle auf andere zu projizieren, so dass wir dann diese Menschen angreifen können.

Ebenso habe ich die Erfahrung gemacht, dass unsere Schuldgefühle unserem inneren Frieden im Wege stehen, unseren Geist in einem Gefängnis halten und uns in einem endlosen Zyklus von Selbstverurteilung und Schwermut gefangen halten. Sie trennen uns von unserer Quelle und von unseren Brüdern und Schwestern, weil wir in unserem eigenen Kummer steckenbleiben. Es ist ein emotionales Versteck, das wenig bis gar nichts mit echten Werten oder unserem Gewissen zu tun hat. Tatsächlich sind die Schuldgefühle, an denen wir festhalten, oft ein psychologisches Instrument, mit dem wir versuchen, andere Menschen oder auch uns selbst zu kontrollieren. Es ist unmöglich, Schuld- und Liebesgefühle zur selben Zeit zu empfinden.

Nur wenn wir erkennen, dass das Festhalten
an Schuldgefühlen nutzlos ist, können wir uns
von diesen Gefühlen befreien und inneren Frieden finden,
der dauerhaft ist, wenn wir Verantwortung übernehmen
und Liebe und Vergebung praktizieren.
Wir haben jederzeit die Wahl, uns von unseren
Schuldgefühlen zu verabschieden.

Wie meine Ex-Frau und ich uns vergaben

— Jerry —

Im Jahre 1973 ließen meine Frau Pat und ich uns nach über zwanzig Jahren Ehe scheiden. Es war eine äußerst schmerzhafte und emotionsgeladene Erfahrung – so sehr, dass ich alle Hoffnung aufgegeben hatte, wir könnten uns selbst oder dem jeweils anderen je vergeben. Ich war mir sicher, dass wir nie wieder Freunde sein könnten.

Als ich mich bewusst auf meine spirituelle Reise begab, war das Thema Vergebung ein zentraler Bestandteil davon, und sowohl Pat als auch ich unternahmen große Anstrengungen, um die schmerzhafte Vergangenheit hinter uns zu lassen. Pat heiratete später erneut, und sie, ihr neuer Ehemann und ihr Vater kamen einmal nach Seattle, um einem meiner Vorträge beizuwohnen. Da sie zu jener Zeit etwa siebzig Kilometer von Seattle entfernt in der Nähe von Tacoma lebten, traf ich mich am Tag darauf mit den dreien zum Frühstück. Pat sagte mir, es hätte ihr sehr gefallen, was ich am Abend zuvor gesagt hätte. Ich dachte, ein Wunder wäre geschehen, denn zu der Zeit, als wir noch verheiratet waren, konnte sie an so gut wie gar nichts Gefallen finden, was ich sagte!

Nachdem ich wieder zu Hause in Tiburon eingetroffen war, war ich sehr stolz auf mich und erzählte jedem, ich wüsste nun, dass diese Sache mit der Vergebung wirklich funktioniere. Einige Monate später ließ mein Sohn Lee mich wissen, er habe gerade von seiner Mutter und seinem neuen Stiefvater erfahren, dass sie nach Tiburon ziehen würden. Meine erste Reaktion war: "Oh nein!

Dann werden wir dasselbe Einkaufszentrum besuchen und in dieselben Restaurants gehen ... Das kann doch nicht wahr sein!"

Es war klar: Ich hatte noch mehr Vergebungsarbeit zu leisten; ganz offensichtlich hatte ich die Vergangenheit noch nicht vollständig losgelassen. Also machte ich mich sofort an meine "Hausaufgaben".

Pats Ehe hielt nicht lange, und nach wenigen Jahren heiratete sie ein drittes Mal. Da sie wusste, dass ich ein ziemlich guter Fotograf bin, bat sie mich, Bilder von der Hochzeit zu machen – auch wenn einige Gäste es als etwas ungewöhnlich empfanden, dass ausgerechnet der Ex-Ehemann bei dieser Hochzeit als Fotograf fungierte ...

Pat, Diane und ich blieben weiterhin sehr enge Freunde. Über zwei Jahrzehnte lang feierten wir gemeinsam familiäre Anlässe und Feiertage, und als es mit Pat gesundheitlich bergab ging, unterstützten Diane und ich sie, so gut wir konnten.

Nach langer schwerer Krankheit verstarb Pat im Jahre 2007. Beim wunderschönen Gedenkgottesdienst kam eine Freundin der Familie auf mich zu und erzählte mir, wie beeindruckend unsere "Patchwork"-Familie für viele gewesen war, die uns seit längerer Zeit gekannt hatten. Sie fügte hinzu, dass Pats Todesanzeige wohl die einzige ihr bekannte sei, in der erwähnt wird, dass sie auch ihren geliebten Ex-Ehemann, Jerry Jampolsky, und dessen Frau, Diane Cirincione, hinterlässt. Wir sind fest davon überzeugt, dass es genug Liebe für alle Menschen gibt und dass niemand ohne Liebe auskommen muss.

Bevor wir darauf hoffen können, eine glückliche und harmonische Beziehung mit unserem gegenwärtigen Partner zu führen, ist es unabdingbar, dass wir unserem ehemaligen Partner vollständig vergeben. Andernfalls tragen wir Gefühle von Zorn und Verurteilung in unsere neue Beziehung, die dadurch belastet wird. Es ist wichtig, sich daran zu erinnern, dass Vergebung ein Geschenk ist, das wir sowohl uns selbst als auch denen, die wir lieben, machen können.

Dankbarkeit

— Diane —

Win Vus Reise ist eine Odyssee gewesen, die sich nur wenige von uns vorstellen konnten, und seine innere Stärke und Courage sind für uns nach wie vor eine große Inspiration. Als ältestes von drei Kindern erlebte er mit, wie sein Vater auf dem Höhepunkt des Vietnamkriegs sechs Jahre inhaftiert wurde. So musste er zusammen mit seiner Mutter als Versorger und Beschützer für seine auseinandergerissene Familie fungieren, die während der Inhaftierung seines Vaters mehrfach nur knapp dem Hungertod entkam.

Als er acht Jahre alt war, versuchte die Familie, aus Vietnam zu fliehen, schaffte dies aber nicht. Im Jahr darauf versuchten sie es erneut zusammen mit ihrem inzwischen freigelassenen Vater und riskierten so wieder, gefangen genommen und getötet zu werden. Beim zweiten Versuch gelang ihnen dann die Flucht aus ihrem Heimatland, doch im nächsten Jahr entwickelte sich ihre Reise als Flüchtlinge zu einem Alptraum. Man nannte sie die "Boat People" (Bootsflüchtlinge), eine Gruppe von Familien, die mit dem sprichwörtlichen Mut der Verzweiflung in kleinen Fischerbooten ihrer Verfolgung entkamen und Kurs auf die Vereinigten Staaten nahmen, wo sie ein Leben in Freiheit und Würde führen wollten. Win Vu war noch keine zehn Jahre alt, als er und seine Familie sich in Atlanta, Georgia, niederließen und dort ein neues Leben begannen.

Win Vu wurde aktiver Teil des Projekts *Children as Teachers of Peace* (CATOP, Kinder als Lehrer des Friedens), das Jerry im

Jahre 1981 zusammen mit Jehan Sadat, der Witwe des ermordeten ägyptischen Staatspräsidenten Anwar al-Sadat, ins Leben gerufen hatte. Das CATOP-Projekt spornte junge Menschen im Alter zwischen sieben und siebzehn Jahren dazu an, fremde Länder zu bereisen. Die Reiseziele waren immer Orte, die damals mit den USA in irgendwelche Konflikte verwickelt waren, wie etwa China, Russland und Nicaragua. Auf vollkommen unpolitische Weise sollte den Kindern die Gelegenheit gegeben werden, "in die Gesichter des Feindes zu schauen und für sich selbst zu entscheiden". Im Verlauf der nächsten zehn Jahre nahmen viele Länder an diesem Projekt teil, manche sogar noch länger.

Win Vu war fünfzehn Jahre alt, als er sich uns und der ersten Gruppe US-amerikanischer Kinder anschloss, die nach siebzig Jahren zum ersten Mal wieder die Volksrepublik China besuchten. Dieser mutige junge Mann stellte sich seiner – in der Vergangenheit wohlbegründeten – Angst vor den Chinesen, überwand sie und erwies sich als unschätzbar wertvolles Mitglied der Gruppe. Er ist zu einem außergewöhnlichen Erwachsenen herangereift, der sich mit Hingabe für den Frieden einsetzt und sich voll in den Dienst an seinen Mitmenschen stellt. Über all die Jahre haben wir weiter engen Kontakt gehalten und waren dadurch imstande, ihn auf seiner Reise zu Wachstum und Reife zu begleiten.

Als wir einmal gebeten wurden, vor einer großen Schülerversammlung in einem innerstädtischen Problembezirk von Atlanta zu sprechen, baten wir Win Vu, uns zu begleiten und den Schülern einige Erlebnisse aus seinem Leben zu erzählen. Die meisten Schüler im Saal waren Afroamerikaner, und die Körpersprache der älteren Jungen unter den Zuhörern machte deutlich, dass sie sich kaum vorstellen konnten, was ein magerer asiatischer Junge – der aussah, als wäre er gerade einmal acht Jahre alt – ihnen Wichtiges zu sagen hätte.

Als Win Vu da so ganz allein auf der riesigen Bühne stand, wirkte er zerbrechlich und zögerlich, als er über die unruhige und nicht gerade freundlich dreinblickende Zuhörerschaft schaute. Doch in seiner ruhigen, sanften Art begann er dann, den Schülern aus seiner Zeit als kleiner Junge in Vietnam zu erzählen. Detailliert beschrieb er, welche Hindernisse er und seine Familie überwinden mussten, um aus Vietnam fliehen und ein neues Zuhause in den USA finden zu können. Schon bald hatte er die ungeteilte Aufmerksamkeit jedes Schülers im Saal. Gebannt saßen sie auf der Stuhlkante, während Win Vu ihnen in einfachen Worten die damalige Realität schilderte: dass er und seine Familie an nahezu jedem Tag ihres Lebens knapp dem Tod entronnen waren, bevor sie in den USA endlich ihre neue Heimat gefunden hatten. Und selbst nach ihrer Ankunft hier waren Sprach- und Kulturbarrieren tägliche Hürden, die sie noch jahrelang nehmen mussten.

Dann sagte Win Vu etwas, das wohl in jedem etwas bewegte, der sich in Hörweite befand – etwas, an das wir uns bis zum heutigen Tag, fast zwanzig Jahre später, gut erinnern. Er ging langsam zum vorderen Bühnenrand, schaute direkt auf die jungen, überwiegend farbigen Zuhörer vor ihm und sagte mit tiefer Aufrichtigkeit: "Ich weiß, dass euer Leben hart ist und dass ihr vielleicht oft denkt, ihr steht am untersten Ende der gesellschaftlichen und wirtschaftlichen Leiter hier in Amerika und müsst zu allen anderen aufschauen. Doch es gibt da etwas, das euch möglicherweise noch nicht bewusst geworden ist – nämlich, dass der Rest der Welt tatsächlich *zu euch* aufschaut. Auch wenn ihr nicht so viel habt wie andere Amerikaner, so habt ihr doch sehr viel mehr als fast jeder andere Mensch auf dem Planeten. Seid dankbar dafür, und denkt darüber nach, was ihr aus eurem Leben machen könnt, und nicht, was euch im Leben fehlt oder euch im Wege steht."

Win Vus letzte Worte sorgten für absolute Stille im Saal. Bewegungslos saßen die Schüler da und starrten ihn an. Dann begannen sie plötzlich alle zu applaudieren, sprangen von ihren Stühlen auf und gaben Win Vu langanhaltende stehende Ovationen.

Nach seiner Rede kam eine Gruppe größerer kräftiger Schüler auf Win Vu zu und nahm den jungen Sprecher in ihre Mitte, um mit ihm "etwas abzuhängen" und anschließend gemeinsam den Unterricht zu besuchen. Der Schulleiter erzählte uns später, dass Win Vu einen praktisch lebensverändernden Einfluss auf die Schüler ausgeübt hatte. Heute arbeitet Win Vu als pädiatrischer Kardiologe und hilft Kindern mit Herzerkrankungen.

Egal, wie schwierig oder entbehrungsreich
unser bisheriges Leben war – wir haben immer
die Möglichkeit, uns für Liebe, Mitgefühl und Vergebung
statt Hass, Schuldzuweisung und Verurteilung
zu entscheiden. Wenn wir dies tun, stärkt dies unser
Vertrauen in uns selbst und stellt den ersten Schritt
zu einem neuen Leben dar. Doch wenn wir
davon überzeugt sind, im Leben benachteiligt und
ungerecht behandelt worden zu sein und an
dieser Einstellung festhalten, erzeugt dies Leid
und Schmerz. Um Wunder herbeizuführen,
braucht es Dankbarkeit als Lebenseinstellung.

Eichen, Redwoods und leere Hände

— Jerry —

Nach meiner Scheidung fühlte ich mich am Boden zerstört und völlig niedergeschlagen. Mein Leben war ein einziger Scherbenhaufen. Ich brauchte etwas Neues, mit dem ich mich beschäftigen konnte – etwas, das mir helfen würde, den emotionalen Schmerz zu lindern, den ich nach der Scheidung spürte. Ich schrieb mich für einen Fotografie-Kurs am *College of Marin* nördlich von San Francisco ein und fuhr danach ein ganzes Jahr durch Marin County, um Eichen und Redwoodbäume zu fotografieren. Die schönsten Motive rahmte ich ein und hängte sie an die Wände meiner Junggesellenbude.

Auch wenn es mir zu jener Zeit nicht so bewusst war: Ich glaube, ich habe mich deshalb auf diese gewaltigen Bäume konzentriert, weil mich ihre großen, tiefen Wurzeln und die weit ausladenden Äste, die sich der Sonne und dem Himmel entgegenstreckten, so faszinierten. Symbolisch half mir dies, meine eigenen Wurzeln wiederzufinden. Die uralten Redwood-bäume in den Muir Woods hatten etwas Heiliges und gaben mir ein Gefühl von innerem Frieden zu einem Zeitpunkt, als mein Leben chaotisch verlief und ich der einsamste Mensch der Welt zu sein schien. Diese mitunter eintausend Jahre alten "Überlebenden" aus einer Zeit, als Nordkalifornien dicht bewaldet war, zu fotografieren, hatte eine zutiefst heilende Wirkung auf mich. Doch das Gefühl der Harmonie, das ich dort draußen in den Wäldern empfand, war nur von kurzer

Dauer und gewöhnlich völlig verflogen, sobald ich wieder zu Hause war.

Als ich mich im Jahre 1975 bewusst auf meine spirituelle Reise begab, wurde ich mir vieler Dinge bewusst, an denen ich haftete. Ich erkannte auch, dass ich meinen inneren Frieden von äußeren Einflüssen und Umständen abhängig machte. Mir wurde klar, dass ich mich von all diesen Anhaftungen würde lösen müssen, wenn ich von einer höheren Macht geistige Führung erhalten wollte. Und obwohl ich hart daran arbeitete, hatte ich doch einige Zeit meine Schwierigkeiten damit.

Eines Tages kam mir die Idee, Menschen zu fotografieren, die dem Fotografen ihre leeren Hände entgegenhielten. Auch diese Fotos zierten später die Wände meines Apartments. Sie erinnerten mich daran, Gott "mit leeren Händen" entgegenzutreten. Und ich stellte für mich fest: Wenn ich mich von den Bedürfnissen und Begierden meines Egos löste, erfuhr ich einen noch tieferen inneren Frieden – der dazu noch dauerhaft war.

Unser Ego will die Kontrolle über jede Situation
erlangen – das ist seine Natur. Doch wenn wir
Zugang zu unserer inneren Stimme und zu
geistiger Führung erlangen wollen, ist es
am hilfreichsten, wenn wir "mit leeren Händen"
kommen und an nichts festhalten.

Freundschaft

— Jerry —

Von Anfang an und für die gesamte Zeitdauer unserer Partnerschaft spürten Diane und ich eine tiefe und liebevolle Seelenverbindung. Als wir uns das erste Mal trafen, sah ich ein helles, sanftes Licht in ihren Augen, das mich förmlich von Kopf bis Fuß durchdrang.

Doch es gab da viele Dinge an der Oberfläche, die hin und wieder Konflikte zwischen uns auslösten. Mein altes Gefühl, wie unsicher es eigentlich ist, jemandem zu vertrauen, trat wieder hervor und vermischte sich mit alten ungelösten Gefühlen von Eifersucht und Besitzgier, von denen ich schon dachte, ich hätte sie längst hinter mir gelassen. In meinem Kopf liefen wieder dieselben alten Filme ab. Ich stellte für mich fest, dass ich viele Dinge rund um das Thema "persönliche Beziehungen" einfach verdrängt hatte, statt an ihnen zu arbeiten. Wir trugen beide noch unsere Schuldgefühle aus der Vergangenheit mit uns herum, und es gab Zeiten, als wir mit dem Gedanken spielten, in entgegengesetzte Richtungen zu gehen – voreinander davonzulaufen.

Wir waren schon etwa drei Jahre zusammen, als ich eines Abends bemerkte, dass ich rasend wütend auf Diane wurde, weil sie nicht in das Schema passte, in das ich sie stecken wollte. Im Klartext: Diane tat nicht das, was ich von ihr erwartete.

Schon oft hatte sie mir gesagt, sie wolle eine Reise zum Wintersportort Lake Tahoe unternehmen, um besser Skifahren zu lernen, wobei sie mir ausführlich erklärte, wie wichtig dies für ihr persönliches Wachstum wäre - auf mehreren Ebenen. Und da sie diesen Wunsch schon so oft aufgeschoben hatte, um jemand anderem einen Gefallen zu tun, wollte sie dieses Verhaltensmuster nun unbedingt ändern. Da ich selbst noch nie Ski gefahren war und spürte, wie Gefühle von Unsicherheit und Eifersucht in mir aufstiegen darüber, dass sie sich "einfach so" - ohne mich - auf die Reise begeben würde, spielte ich die Wichtigkeit ihres Wunsches herunter.

Einige Wochen vor ihrer geplanten Skireise stand für mich eine Reise in den Sudan an. Diane hatte mir zuvor schon klar und deutlich zu verstehen gegeben, dass sie das Gefühl habe, meine Reisepläne wären unter Umständen zu strapaziös für mich - sowohl körperlich als auch emotional. Ich dankte ihr dafür, dass sie ihre Bedenken in dieser Hinsicht mit mir teilte, zog es aber vor, meine Pläne nicht zu ändern.

Kurz vor meiner Abreise nach Nordafrika sagte sie: "Jerry, ich möchte dich doch noch einmal wissen lassen, dass ich glaube, diese Reise wird höchstwahrscheinlich zu anstrengend für dich; ich halte sie für keine gute Idee. Nun, nachdem das gesagt ist, wünsche ich dir alles Gute. Denke bitte daran, dass ich zwei Tage nach deiner Rückkehr für vier Tage nach Lake Tahoe fahre - du weißt, die Skireise, die ich schon seit einem Jahr unternehmen wollte. Ich möchte, dass du weißt: Ich werde definitiv fahren, unabhängig davon, was auf deiner Reise geschieht." Ich stimmte ihr zu und begab mich auf die Reise in den Sudan.

Was ich in diesem Land erlebte - die Ödnis, die Hungersnot und der überall präsente Tod durch die Dürre in dieser Wüstenregion -, ging weit über alles hinaus, was ich je gesehen hatte. Diese Reise veränderte mein Leben von Grund auf, doch ich machte einfach meine Arbeit und begab mich anschließend sofort auf den Rückflug nach Kalifornien. Doch meine Schuldgefühle darüber, Menschen hungrig am Boden zurückzulassen und an Bord des Flugzeugs eine üppige Mahlzeit serviert zu bekommen, waren zu viel: Noch während des Fluges erlitt ich einen Hexenschuss. Nach der Landung ging ich mit starken Schmerzen und fast wie gelähmt von Bord des Flugzeugs. Nach meiner Ankunft zu Hause konnte ich kaum irgendetwas tun, geschweige denn umherlaufen.

Diane nahm sich meiner liebevoll an und pflegte mich – zwei Tage lang. Ich ging davon aus, dass sie ihre Skireise verschieben und mir damit meinen geheimen Wunsch erfüllen würde, nicht allein wegzufahren. Doch am selben Abend sagte sie mir, dass wir uns dann in vier Tagen wiedersehen würden und sie mich zwischendurch aus den Bergen anriefe.

Ich war entrüstet. Ich konnte einfach nicht glauben, dass sie sich – nach dem, was passiert war – einfach auf ihren Skitrip begeben und mich in meinem nahezu hilflosen Zustand zurücklassen würde.

Als sie ihren Mantel anzog, wandte sie sich mir zu und fragte lapidar: "Jerry, wirst du sterben?"

Verblüfft über die Frage antwortete ich: "Nein, natürlich nicht."

"Gut, dann fahre ich jetzt los." – Und weg war sie.

Dianes Bestrebungen, sich von anderen unabhängig zu machen, waren ja schön und gut – doch nun begann ich, dieses Unabhängigkeitsstreben als Ablehnung meiner Person zu deuten. Ich fühlte mich verletzt und warf alle spirituellen Prinzipien über den Haufen, die ich auf mein Leben anzuwenden versuchte. Ich spürte eine rasende Wut in mir, die ich als nur allzu berechtigt empfand, und tat so ziemlich alles Erdenkliche, um mich ins Recht und sie ins Unrecht zu setzen. – Wieder einmal hatte ich es vorgezogen, im Recht, statt glücklich zu sein.

An jenem Abend war ich äußerst aufgebracht, verbittert und niedergeschlagen, als ich zu Bett ging. Doch als ich meinen Kopf aufs Kissen legte, verfügte ich noch über genügend Einsicht, Gott in dieser Sache um Hilfe zu bitten. Ich wollte meinen inneren Frieden wiederherstellen und diesen emotionalen Aufruhr nicht mehr spüren.

Um zwei Uhr morgens in jener Nacht wachte ich auf und spürte plötzlich einen starken inneren Drang, etwas aufzuschreiben. Was dabei herauskam, war eine Meditation über meine Freundschaft mit Diane, die nicht nur für mich, sondern inzwischen auch für viele andere sehr hilfreich war. Ich hatte sie auch als Poster drucken lassen und dem Ganzen ein Foto meiner Eltern hinzugefügt, das sie im Alter von neunzig Jahren zeigt, wie sie händchenhaltend nebeneinander sitzen. Meine Notizen in jener Nacht haben mir geholfen, das Thema "Freundschaft" aus einem ganz anderen Blickwinkel zu betrachten.

Freundschaft

Ich danke dir dafür, dass du mich gelehrt hast, ...

... was Freundschaft ist: eine Beziehung ohne Bedürfnisse, in der das Interesse am Wohlergehen des anderen dasselbe ist wie das Interesse am eigenen Wohlergehen.

... dass Freundschaft eine Geistesverfassung ist, in der es keine Angst, keine Schuld, keine Angriffe und kein Gefühl der Verletzlichkeit gibt; eine Beziehung, in der es für dich und andere in Ordnung ist, mich so zu sehen, wie ich wirklich bin; eine Beziehung, in der fortwährendes Geben und Vergeben selbstverständlich sind; eine Beziehung, in der es der einzige Wunsch beider Partner ist, hilfsbereit, einfühlsam und geduldig zu sein; eine Beziehung, in der es keine Vergangenheit oder Zukunft, sondern nur die Gegenwart gibt; eine Beziehung, in der es in jedem Moment nur vollkommene

Liebe und Loslassen gibt – eine Beziehung ohne Anhaftungen, Inbesitznahme oder Forderungen.

... dass Freundschaft eine Beziehung ist, in der es nur Licht gibt, nur gemeinsames Geben und Teilen von Liebe, ohne etwas von dieser Liebe auszuschließen; eine Beziehung, in der es absolut keine Rolle spielt, wo sich die Partner geographisch aufhalten und ob sie dadurch voneinander getrennt sind oder nicht; eine Beziehung, in der es allumfassende Liebe und Akzeptanz gibt, unabhängig von trügerischen Wahrnehmungen der Trennung, herbeigeführt durch Zeit und Raum.

... dass Freundschaft etwas ewig Währendes ist – ohne Gedanken, Worte oder Handlungen, die Schmerz, Leiden oder Trennung verursachen. In einer Freundschaft ist das Licht des Geistes die einzig existierende Realität.

... dass wahre Freundschaft ein Zustand von Glückseligkeit ist, in dem wir nur das göttliche Selbst im jeweils anderen sehen. Es ist ein Zustand inneren Wissens, dass wir durch Liebe verbunden sind – miteinander und mit Gott, für immer und ewig.

Wieder einmal stellte ich fest, dass ein persönlicher Konflikt eine Gelegenheit zum Lernen darstellen kann und dass ich mich entscheiden konnte, meine Wahrnehmung einer Beziehung, meiner selbst und der Welt jederzeit zu ändern. Ich war so dankbar für die Erkenntnis, dass es ganz allein an mir liegt, wie viel Zeit es braucht, einen Sinneswandel vorzunehmen und inneren Frieden zu erfahren. Mit dieser Veränderung meiner Wahrnehmung hatte ich eine ganz neue Grundlage für meine Beziehung zu Diane geschaffen.

Im Laufe der Zeit wurde Diane und mir sehr klar, dass unsere Beziehung nicht funktionieren würde, wenn wir uns nicht dazu verpflichten würden, unsere spirituelle Reise an die erste Stelle in unserem Leben zu stellen. Wir gaben unser Bestes, uns von allen Anhaftungen zu lösen und jeden Tag "Liebe und Loslassen" zu praktizieren. Gebet und Meditation wurden zur täglichen Lebensgrundlage.

Jeden Tag bemühen wir uns aufrichtig darum, unsere eigenen Pläne loszulassen und es dem Geist zu erlauben, uns den Weg zu weisen. Es passiert uns zwar noch häufig, dass wir so sehr mit alltäglichen Dingen beschäftigt sind, dass wir vergessen, still zu sein und "beiseitezutreten", doch wir erkennen nun umso schneller, wann dies geschieht, und können uns dann die Zeit nehmen, erneut zu entscheiden: Wollen wir Frieden oder Konflikt? Entscheiden wir uns für Liebe oder Angst?

In meinen früheren Beziehungen hatte ich immer einen Plan, welche Form sie annehmen sollten, und ich brauchte eine Art Rückversicherung, dass diese Form Bestand haben würde. Deshalb war es eine völlig neue Erfahrung für mich, nicht von vornherein festzulegen, wie sich die Dinge entwickeln würden.

In den nahezu drei Jahrzehnten unserer Zusammenarbeit, in denen wir unser Bestes gegeben haben, uns unserer eigenen inneren Führung anzuvertrauen, haben wir eine größere Balance zwischen den männlichen und weiblichen Aspekten in uns beiden festgestellt. Wenn es einen Schlüssel zum Erfolg gibt, den wir dabei haben, uns selbst und anderen zu helfen, dann ist es, dass wir uns immer bemühen, unsere eigene Ganzheit in der Beziehung zu unserem Schöpfer zu fühlen.

Es gibt ein bedeutungsvolles Gebet, das wir dem *Kurs in Wundern* entnommen haben und das wir vor jedem Treffen, Vortrag oder Workshop, den wir abhalten, sprechen. Es ist eine schnelle und einfache Methode, unser Ego "beiseitezulegen", Ängste loszulassen und es dem Licht in uns zu gestatten, hell zu scheinen und uns dabei zu helfen, das Wissen darüber zu erlangen, was wir denken, sagen und tun sollten. Es lautet wie folgt:

Ich bin nur hier, um zu helfen.
Ich bin hier, um Dich, der Du mich
geschickt hast, zu verkörpern.
Ich brauche mich nicht darum zu sorgen,
was ich sagen oder tun soll, denn Du,
der Du mich geschickt hast, wirst mich leiten.
Ich bin einverstanden und zufrieden damit,
dort zu sein, wo immer Du mich haben möchtest,
denn ich weiß, Du wirst mit mir dorthin gehen.
Ich werde geheilt, indem ich zulasse,
dass Du mich Heilung lehrst.

Der inneren Stimme vertrauen

— Jerry —

Im Jahre 1980 traf ich Vorbereitungen für eine Reise nach Israel, um in einigen Krankenhäusern dort Vorträge zu halten. Da ich das Land zuvor noch nicht bereist hatte, freute ich mich auch darauf, mehrere historische Stätten zu besuchen.

Ich hatte das Flugticket schon gebucht, doch zwei Wochen vor meiner Abreise sagte mir eine innere Stimme, dass ich unmittelbar nach meinem letzten Vortrag in Israel sofort nach Ägypten reisen sollte. Meine erste Reaktion darauf war, dass dies eine verrückte Idee sei und ich sie ignorieren sollte ... Doch mit jedem Tag wurde diese innere Stimme lauter und kräftiger. Schließlich beschloss ich, einen Flug nach Ägypten zu buchen, doch mein Ego bestand immer noch darauf, dass dies ein unsinniges Unterfangen wäre; nicht nur, dass ich die historischen Stätten in Israel nicht sehen würde - ich kannte auch überhaupt niemanden in Kairo. Einem Freund sagte ich, der einzige für mich denkbare Grund für eine Reise nach Ägypten wäre, dass ich dort vielleicht mit Madame Jehan Sadat zusammenkommen könnte - die Frau des ehemaligen ägyptischen Staatspräsidenten, die sich schon seit Jahren aktiv für Reformen der ägyptischen Bürgerrechte und das Wohlergehen ihrer Landsleute einsetzte. Ich hoffte auch, das neue Krankenhaus besuchen zu können, bei dessen Errichtung sie eine wichtige Rolle gespielt hatte.

Damals konnte man noch nicht direkt von Israel nach Ägypten fliegen, und so flog ich zunächst nach Griechenland und von dort aus nach Kairo. Während des Fluges las ich im Bordmagazin einen Artikel über einen Dr. Shabander, einen Krebsspezialisten in Kairo. Ich kam Donnerstagabend an und fuhr direkt in mein Hotel. Noch immer wusste ich nicht, warum ich tat, was ich tat, und begann mich zu fragen, weshalb ich dieser inneren Stimme überhaupt gefolgt war. Am nächsten Morgen fragte ich den Hotelrezeptionisten, ob er mir die Telefonnummer von Dr. Shabander heraussuchen könne. Ich rief ihn an und fragte, ob es möglich wäre, noch am selben Tag ein Treffen zwischen uns zu arrangieren. Er antwortete, Freitage seien in Ägypten keine Werktage, ähnlich wie Sonntage in den Vereinigten Staaten, und er sei sozusagen bereits zur Tür hinaus. Ein Treffen wäre deshalb leider nicht möglich.

Ich bedankte mich trotzdem bei ihm. Dann entstand eine kurze Pause, und plötzlich sagte er, wir könnten uns aber für einige Minuten treffen, wenn ich mich sofort in ein Taxi setzen und ihn zu Hause besuchen würde – was ich tat. Er war ein wunderbarer Mann, und wir fühlten uns sofort sehr vertraut. Er lud mich ein, ihn und seine Frau zu einer Party zu begleiten, die an jenem Abend stattfinden sollte.

Als wir eintrafen, bemerkte ich, dass Präsident Sadats Kabinett auch mit von der Partie war. Ich unterhielt mich eine ganze Weile mit dem Gesundheitsminister, der mich für den darauffolgenden Montag zu einem weiteren Treffen in sein Büro einlud. Unser Gespräch hatte bereits eine Stunde gedauert, als er sich entschuldigte und für einen Moment hinausging. Als er wiederkam, sagte er mir, er hätte für mich ein zwanzigminütiges Treffen mit Madame Sadat für Montagnachmittag arrangiert. Plötzlich erinnerte ich mich an meine spontane Bemerkung gegenüber meinem Freund, dass ich vielleicht mit Madame Sadat zusammentreffen könnte – und spürte eine

Gänsehaut. Aus den geplanten zwanzig Minuten für das Treffen wurden zwei Stunden, und hinterher lud sie mich noch zu einem Besuch des Krankenhauses am nächsten Tag ein.

Als ich nach Kalifornien zurückkehrte, wusste ich, dass ich eine wertvolle Lektion gelernt hatte, nämlich auf meine innere Stimme zu hören und ihr zu vertrauen. Mein rationaler Verstand hatte darauf beharrt, dass meine Handlungen unlogisch – ja sogar völlig verrückt – waren, und doch hatte ich volles Vertrauen in diese innere Stimme gehabt. Dies war für mich ein großer Schritt vorwärts gewesen, auch wenn ich zwischenzeitlich immer noch etwas misstrauisch gewesen war.

Etwa ein Jahr später war ich an der Vorbereitung und Organisation einer großen Konferenz in San Jose, Kalifornien, für unser Projekt *Children as Teachers of Peace* beteiligt. Bei meiner morgendlichen Meditation an jenem Tag erhielt ich die Weisung, Madame Sadat zu dieser Konferenz einzuladen, doch mein innerer Dialog spielte sich ungefähr folgendermaßen ab: "Madame Sadat hat mit Hunderten von Menschen zu tun; sie wird sich nicht einmal mehr an mich erinnern können, und deshalb ist es reine Zeitverschwendung, sie einzuladen." Doch meine innere Stimme bestand darauf, dass ich ihr folgte, und so schickte ich Madame Sadat schließlich eine kurze Einladung. Vier Wochen später, als ich gerade auf Vortragsreise in New York City war, erhielt ich einen Anruf von meiner Sekretärin, die mir mitteilte, Madame Sadats Sekretär hätte versucht, mich zu erreichen.

Madame Sadat nahm meine Einladung an – und dies war das erste Mal seit der Ermordung ihres Mannes im Jahre 1981, dass sie Ägypten verließ und einen Auslandsbesuch machte. Bei ihrem Aufenthalt in Kalifornien besuchte sie auch unser Zentrum, und danach hielten sie und ich noch zusammen Vorträge in den Niederlanden und in England. Es entwickelte sich eine enge freundschaftliche Beziehung zwischen uns, und später lud sie Diane und mich zu einem Besuch nach Ägypten ein, bei dem wir auch einige Vorträge halten sollten.

Es ist nicht immer einfach, der inneren Stimme zu vertrauen, doch es ist wichtig, dieses Vertrauen zu entwickeln, wenn wir an unseren spirituellen Weg glauben und uns zu ihm bekennen.

Das Ego denkt klein, ängstlich und in Trennungen –
und sein "Rat" fällt entsprechend aus.
Die Stimme der Liebe kennt keine Grenzen,
und ihre Führung enthält nichts Beängstigendes.

Jemandem gefallen oder jemanden lieben?

— Jerry —

Einen Großteil meines Lebens versuchte ich vergeblich, die Anerkennung meiner Mutter zu erhalten. Meine nutzlosen Versuche zu beschreiben könnte wohl mehrere Bücher füllen, doch als ein Mensch, der an Vergebung und bedingungslose Liebe glaubt, muss ich meiner Mutter dafür danken, dass sie mir so viele Gelegenheiten gegeben hat zu praktizieren, was ich für wahr halte!

Als ich achtundfünfzig Jahre alt war, war meine Mutter auf der Suche nach einem neuen Hausarzt. Ich wusste, dass sie junge Ärzte weder mochte noch respektierte; für sie waren sie alle unerfahren und "noch nicht ganz trocken hinter den Ohren". Nun, ich wusste dies zwar, war aber so naiv zu glauben, ich könnte ihr einen Gefallen tun, indem ich einen älteren Arzt in meinem Alter für sie aussuchte. Als ich ihr sagte, ich hätte einen neuen Arzt für sie gefunden, wusste ich genau, was sie mich unmittelbar darauf fragen würde: "Wie alt ist er?"

Mit Bestimmtheit antwortete ich: "Mom, es ist ein älterer erfahrener Arzt in meinem Alter."

Mit ebensolcher Bestimmtheit sagte sie: "Ich will keinen jungen Arzt in deinem Alter, der nicht weiß, was er tut. Geh los, und suche mir einen älteren."

Ein anderes Mal besuchte ich sie an ihrem Alterssitz und schaute in ihrem Briefkasten nach Post, bevor ich eintrat, stellte aber fest, dass er leer war. Als ich ihr Zimmer betrat, war das

Erste, was sie mich fragte, ob ich ihre Post mitgebracht hätte. Ich antwortete, ich hätte in den Briefkasten geschaut, aber er wäre leer gewesen. Sie begann mich anzuschreien, nannte mich einen Lügner und warf mir vor, gar nicht in den Briefkasten geschaut zu haben. Sie beruhigte sich erst, als ich mich bereit erklärte, noch einmal zum Briefkasten zu gehen und erneut hineinzuschauen.

Als ich mich auf Vortragsreise in British Columbia, Kanada, befand, rief ich meine Mutter an und erkundigte mich nach ihrem Wohlergehen. Sie fragte mich, von wo ich anriefe, und ich sagte es ihr. Ihre Antwort: "Du lügst doch. Ich glaube nicht, dass du in British Columbia bist. Ich glaube, du bist immer noch in San Francisco und willst nur nicht deine einsame Mutter besuchen!"

Dann sagte sie etwas, das mich überraschte: "Gib mir die Telefonnummer von dem Anschluss, von dem aus du anrufst. Ich werde beweisen, dass du nicht in Kanada bist, sondern immer noch in San Francisco." Ich gab ihr die Nummer, und kurz danach klingelte das Telefon. Da sie den Anruf über einen Operator getätigt hatte, wusste ich, dass sie mich hören konnte. Dem Operator sagte sie jedoch, sie könne mich nicht hören, und legte auf.

Als ich sie eine Woche später besuchte, fragte ich sie, warum sie gesagt hatte, sie hätte mich nicht hören können. Ihre lapidare Antwort: "Ich werde doch nicht mein gutes Geld verschwenden, nur um deine Stimme von so weit weg zu hören!" Dann wechselte sie abrupt das Thema.

Wenn wir unsere Beziehung zu unseren Eltern und Familienangehörigen heilen wollen, ist es wichtig, sich darüber bewusst zu sein, dass diese Menschen dazu an sich selbst keine Veränderung vornehmen müssen. Manchmal ist es hilfreich, offen und bereit zu sein, etwas zu tun, das uns zwar unlogisch erscheint, diesen Menschen aber Freude bereitet. Und ein gesunder Sinn für Humor ist ebenfalls eine große Hilfe! Bedingungslose Liebe ist genau das: Sie ist nicht an Bedingungen geknüpft und unabhängig von den Handlungen anderer. Manche Menschen werden wir nie zufriedenstellen können, doch wir können sie immer noch lieben.

Herausforderungen mit Liebe begegnen

— Jerry und Diane —

Vor einigen Jahren trafen wir Michael Kanouff in Maui auf Hawaii. Michael hatte ein paar Jahre zuvor ein schlimmes Schicksal ereilt: Er spielte mit einem Freund Frisbee am Strand, und als er nach der Scheibe hechtete, stolperte er und fiel so unglücklich auf seinen Kopf, dass er sich eine schwere Rückenmarksverletzung am Hals zuzog. Seitdem ist er vom Hals abwärts querschnittsgelähmt.

Wie so viele Menschen, die dieses Schicksal mit ihm teilen, hatte auch er seine Herausforderungen zu bestehen. Eine davon war eine Reihe von Blasenentzündungen, die sehr schmerzhaft und nur schwer zu behandeln waren. Michael war von Beruf Fotograf gewesen und hatte bis dahin ein unabhängiges und sehr aktives Leben geführt. Doch nach seinem Unfall befand er sich plötzlich in einer Situation, wo er sich nicht mehr selbsttätig bewegen konnte und obendrein auch noch vollkommen abhängig von anderen Menschen war. Er braucht etwa drei Stunden, um sich morgens auf den Tag vorzubereiten, und abends nochmals drei Stunden, um sich bettfertig zu machen.

Doch trotz dieses harten Schicksalsschlags hat sich Michael seinen Sinn für Humor und seine Lebensfreude nicht nehmen lassen. Er betreibt auch eine Website, über die er anderen Menschen mit ähnlichen Problemen hilft. Mit seinem Mut und seiner "Nie-aufgeben- Einstellung" ist er für uns und viele andere eine echte Inspiration.

Vor einigen Jahren nahmen wir zusammen mit unseren Autorenkollegen Wayne Dyer und Alan Cohen an einer Spendenaktion für Michael teil. Das gespendete Geld versetzte ihn in die Lage, zu einem renommierten Facharzt in Miami für eine neue Methode der Rückenmarksuntersuchung zu fahren. Auch ein auf seine Bedürfnisse abgestimmter Van konnte von dem Geld angeschafft werden.

Vor zwei Jahren trat dann ein wunderbarer Engel mit Namen Kimberly in sein Leben. Ihre innere und äußere Schönheit ist für jeden sofort sichtbar – ein wahrer Sonnenschein. Zunächst war sie eine von Michaels vielen Pflegekräften, später heirateten sie. Es dürfte schwer sein, ein Paar zu finden, das mehr Liebe füreinander ausstrahlt als diese beiden. Es ist wundervoll, sich in ihrer Gegenwart aufzuhalten. Nach und nach übernahm Kimberly die Pflege von Michael vollständig, so dass sie nicht mehr auf Leute angewiesen sind, die verlässlich sind – oder auch nicht.

Bei einem gemeinsamen Abendessen fragten wir Kimberly einmal: "Wenn du dem frisch vermählten Ehepartner eines vom Hals abwärts Querschnittsgelähmten einen Rat geben könntest, was würdest du ihm oder ihr sagen?"

Sie antwortete: "Ich würde sie daran erinnern, dass es in ihrem Leben nur um die Liebe geht. Ich betrachte das, was ich für Michael tue, nicht als Arbeit. Für mich ist dies ein Akt der Liebe, der mir viel Freude schenkt. Es hat alles mit deiner Einstellung zu tun." Michael seinerseits verbringt viel Zeit damit, über das Internet anderen Menschen mit ähnlichen körperlichen Problemen zu helfen.

Wir wissen alle, dass das Leben voller Tragödien und Herausforderungen ist. Oft haben wir wenig oder gar keine

223

Kontrolle über das, was mit unseren Körpern passiert,
doch was wir kontrollieren können, ist unsere
Einstellung. Egal, was uns oder jemandem, den wir lieben,
geschieht — wir können uns dafür
entscheiden, mit Akzeptanz, Frieden und einem
großzügigen Geist auf die Situation zu reagieren.

Nach unseren wahren Überzeugungen handeln

— Jerry und Diane —

Wir trafen Franklin Levinson in Maui, wohin er nach einer erfolgreichen Sängerkarriere in Florida gezogen war, um seine Leidenschaft für Pferde auszuleben. Er hatte dort ein Unternehmen mit dem Namen *Adventures On Horseback* gegründet und bot Reittouren durch "Old Hawaii" an. Unsere Kinder und Enkelkinder bauten eine Beziehung zu ihm auf und sind bis heute seine engen Freunde.

Franklin integrierte die Prinzipien des *Attitudinal Healing* in sein Leben und in seine Arbeit mit den Pferden. Er hat mehrere Zeitschriftenartikel rund um das Thema geschrieben, unter anderem einen mit dem Titel *Attitude is Everything with Horses and Humans* ("Bei Menschen und Pferden geht es nur um die Einstellung"). Er hat uns viele Geschichten aus seinem Leben erzählt, doch eine von ihnen, in der es um ein junges krebskrankes Mädchen geht, blieb uns in lebendiger Erinnerung.

Dieses Mädchen hatte bei Franklin eine Reittour gebucht, doch als sie eintraf, war er nicht vorbereitet auf das, was er dann sah: Sie hatte nur einen Arm; der andere war als Folge ihrer Krankheit bereits amputiert worden. Da sie sehr zerbrechlich wirkte, hatte Franklin Bedenken, dass sie vielleicht ihr Gleichgewicht verlieren, vom Pferd stürzen und sich schwer verletzen könnte. Dieses "Angstdenken" nahm ihn ein und steigerte sich sogar bis zu der Befürchtung, unter Umständen rechtlich belangt werden zu können. Ihm wurde bewusst, dass er dieses Angstgefühl irgendwie in den Griff bekommen musste, und so zog er sich kurz hinter einen Baum zurück, um seinen Geist zu beruhigen und um innere Führung zu bitten – und erhielt zur Antwort, ihr die Reittour nicht auszuschlagen. Es war eine wundervolle Erfahrung für sie; sie war nicht nur imstande, ihr Gleichgewicht zu halten, sondern sie war auch ziemlich geschickt in ihren Bewegungen.

Etwa sechs Monate später verstarb sie. Ihr Vater reiste nach Hawaii, um sich bei Franklin zu bedanken, denn seine Tochter hatte die Reittour in ihrem Tagebuch festgehalten und ihre Erlebnisse an jenem Tag als die wichtigsten und schönsten ihres Lebens beschrieben. Sie schrieb, dass die Liebe und Leidenschaft, die sie in Franklins Gegenwart gespürt hatte, ihr geholfen hatte, mehr Selbstvertrauen zu entwickeln.

Franklin lebt heute in der Nähe von Aspen in Colorado, wo er "Pferdeflüsterer"-Kurse leitet. Er arbeitet mit Menschen aus allen Gesellschaftsschichten, einschließlich körperlich behinderter Kinder und Erwachsener. Seine Website ist *www.wayofthehorse.org*.

Es gibt keinen Ort, an dem wir uns nicht in einfacher
Freundlichkeit, Geduld, Liebe und Integrität üben können –
die wesentlichen Bestandteile wahrer Spiritualität.
Und es ist unsere Bereitschaft, uns diese Einstellungen
zu eigen zu machen, die auch unsere Zuversicht
und unser Vertrauen stärkt und keinen Bereich
des Lebens ausklammert, wenn es um unsere
Hingabe und Widmung geht.

Der Zitronenbaum

— Diane —

Als meine Mutter und mein Stiefvater Larry in ihren Altersruhesitz in Nordkalifornien einzogen, stellten sie fest, dass die ehemaligen Besitzer einen Blumenkübel zurückgelassen hatten. Er war kobaltblau, etwa achtzig Zentimeter hoch und stand auf der rechten Seite ihrer wunderschönen Veranda. Der Kübel sah zwar schön aus, doch aus der trockenen Erde ragte ein ungefähr fünfzehn Zentimeter langer, hässlicher toter Strunk hervor.

Ich sagte zu Larry, wie schön sich ein bunter Blumenmix in diesem Pflanzkübel machen würde, doch nach einer kurzen Pause des Schweigens antwortete er: "Nein, ich möchte ihn so behalten, wie er ist."

"Aber Papa", gab ich zu bedenken, "dieses Ding ist tot. Warum lässt du mich ihn nicht einfach herausziehen?" So ging das Gespräch hin und her, bis mir endlich klar war, dass er es mit seinem Wunsch wirklich ernst meinte. Der hässliche Strunk blieb im Topf.

Larry widmete sich diesem Strunk mit all seinem gärtnerischen Können und seiner liebevollen Fürsorge; er goss ihn regelmäßig, düngte ihn und schützte ihn vor rauen Wettereinflüssen. Vielleicht war es der gebrechliche Zustand seines eigenen Körpers und seine schwindende Gesundheit, die ihn für das Elend dieser scheinbar toten Pflanze sensibilisierte, doch irgendwie entstand eine enge Beziehung zwischen ihm und ihr. Von da an machte er es sich zur täglichen Aufgabe, sich um ihr Wohlergehen und ihre Sicherheit zu kümmern.

So vergingen mehrere Wochen, und eines Tages ragte eine Knospe aus dem Strunk hervor, die zu einem Zweig wurde, aus dem schließlich ein Blatt austrieb. Weitere Knospen zeigten sich, und Larry konnte erkennen, dass es sich bei seiner heißgeliebten Pflanze um einen Zitronenbaum handelte. Das Frühjahr kam und ging, und während sich der Gesundheitszustand meines Stiefvaters verschlechterte, wuchs das Bäumchen weiter heran. Er brachte seinem Pfleger und engem Freund Jorge die richtige Pflege der Pflanze bei, und Jorge nahm sich ihr nach dem Tod meines Stiefvaters mit großer Liebe an.

Früh an einem Julimorgen verstarb Larry friedlich. Nach seinem Tod begann der Zitronenbaum zu blühen und trieb massenhaft Zweige und Blätter in alle Richtungen aus. Er wuchs zu einem stattlichen Baum mit mehreren Metern Höhe und Breite heran, doch nirgendwo zeigten sich irgendwelche Zitronen.

Um Larrys zweiten Todestag herum wuchsen dann die ersten Zitronen am Baum zu absoluter Perfektion heran; ich hatte noch nie so einen gesunden Zitronenbaum gesehen. Als ich einmal meine Mutter besuchte, bemerkte ich eine Schale mit Zitronen in der Küche und stellte fest, dass sie alle vom Zitronenbaum meines Stiefvaters stammten. Meine Mutter war so glücklich darüber und bot mir an, einige von ihnen mitzunehmen. Sie fügte hinzu: "Stell dir vor, ich habe fünfunddreißig Zitronen von Larrys Baum abernten können. Ist das nicht erstaunlich?" Ich stimmte ihr zu.

Genau in dem Moment geschah etwas, das mich wie angewurzelt stehenbleiben ließ. In meinem Kopf schien ich Larrys Stimme zu hören, wie sie "Sechsunddreißig!" rief, und so fragte ich meine Mutter: "Mom, kann es sein, dass du sechsunddreißig Zitronen am Baum hattest statt fünfunddreißig?"

Sie sah mich etwas irritiert an und sagte mit fester Stimme: "Nein, ich bin sicher, dass es fünfunddreißig waren – ich hatte sie extra gezählt."

Ich war schon im Begriff, ihr zuzustimmen und das Ganze auf sich beruhen zu lassen, als ich wieder Larrys Stimme zu hören schien, die – dieses Mal mit etwas mehr Nachdruck – sagte, es seien sechsunddreißig gewesen. Etwas verwirrt wandte ich mich ihr direkt zu und sagte: "Mom, irgendetwas sagt mir, es seien sechsunddreißig Zitronen gewesen, nicht fünfunddreißig."

Doch meine Mutter behauptete felsenfest, es seien nur fünfunddreißig gewesen, da sei sie sich absolut sicher. Ich wusste nicht, was dies alles zu bedeuten hatte, und wollte das Ganze schon ad acta legen, als ich auf dem Weg von der Veranda ins Haus wieder die Stimme von Larry zu hören schien – dieses Mal noch lauter und klarer –, der mich anwies, ihr zu sagen, dass es sechsunddreißig Zitronen gewesen seien, eine für jedes Jahr ihrer Ehe. Ich drehte mich um und beugte mich über meine Mutter, die noch auf der Veranda saß. Ich schaute ihr in die Augen und sagte mit ernster, aber selbstsicherer Stimme: "Mom, Larry hat mich gerade gebeten, dir zu sagen, dass es sechsunddreißig Zitronen gewesen seien – eine für jedes Jahr eurer Ehe."

Etwas verzweifelt schaute sie mich an und sagte: "Es waren aber nur fünfunddreißig."

Doch ich bestand auf dem, was ich zu hören geglaubt hatte: "Mom, da muss noch irgendwo eine weitere Zitrone gewesen sein, denn mein Bauchgefühl sagt mir, dass es wahr ist, was ich gehört habe."

Ratlos saß sie da und grübelte. Ich ließ sie nachdenken und ging von der Veranda in die Küche. Einige Minuten später rief sie mit aufgeregter Stimme: "Diane, Diane, es waren tatsächlich sechsunddreißig Zitronen! Neulich hat Schwester Kathryn bei mir übernachtet, und sie sagte mir, sie hätte eine von Papas Zitronen für unser Frühstück genommen. Und das war, bevor ich die anderen Zitronen gepflückt und gezählt hatte. Es waren also tatsächlich sechsunddreißig Zitronen!" Mit Freudentränen in unseren Augen und einem breiten Lächeln auf unseren Lippen umarmten wir uns lange und intensiv.

Jedes Jahr erblüht der Zitronenbaum aufs Neue und erinnert uns weiterhin daran: Wo Liebe ist, ist nichts unmöglich.

Da wir im Geiste miteinander verbunden sind,
brauchen wir keine Körper, um mit denen zu
kommunizieren, die wir lieben. Im Einssein gibt es
keine Trennung, sondern nur ewig währende Liebe.

Nachwort

Was haben wir auf unserer Reise gelernt? Eine der wichtigsten Lektionen ist wohl, dass es unser Ego ist, welches das Leben so kompliziert und verwickelt erscheinen lässt. Doch zum Glück können wir unser Leben wesentlich einfacher und ausgeglichener gestalten, wenn wir unsere Gedanken, Worte und Handlungen bewusst auf Liebe statt auf Angst ausrichten.

Wir kommen vom Weg nach Hause ab, wenn wir die folgenden "Umleitungen" nehmen:

- Groll und Missgunst;
- Wertungen, Urteile und fehlende Vergebungsbereitschaft;
- Wut und Hass;
- Gier und Voreingenommenheit;
- Opferhaltung und Selbstmitleid;
- mangelnde Ehrlichkeit und Integrität;
- Projektionen und Fehlwahrnehmungen;
- Verurteilungen unserer selbst und/oder anderer;
- Lieblosigkeit, mangelndes Einfühlungsvermögen und fehlende Leidenschaft.

Wir haben herausgefunden, dass wir auf dem direkten Weg nach Hause sind, wenn:

- innerer Frieden zu unserem einzigen Lebensziel wird;
- Liebe und Vergebungsbereitschaft für uns so wichtig sind wie das Atmen;
- wir uns auf Verbundenheit statt Trennung konzentrieren;
- wir uns um andere genauso kümmern wie um uns selbst;
- uns Kooperation mehr bedeutet als Konkurrenzkampf;
- das Geben höhere Priorität hat als das Erhalten;
- wir uns bewusst dafür entscheiden, unseren Groll, unsere Wertungen und Urteile loszulassen.

Wir spüren unsere Verbundenheit mit allen und allem, wenn:

- wir auf jedem Schritt unserer Reise Liebe und Vergebung praktizieren;
- wir andere als unsere Schwestern und Brüder betrachten;
- wir mit jedem Herzschlag Leidenschaft, Freundlichkeit, Güte, Großzügigkeit, Zärtlichkeit, Milde und Sanftmut zum Ausdruck bringen.

Wir haben festgestellt, es ist hilfreich, wenn wir uns immer wieder daran erinnern, dass:

- ein ruhiger Geist nützlicher ist als ein geschäftiger Geist;
- wir wie ein Gefäß für Liebe und Leidenschaft sein können, unabhängig vom Verhalten anderer;

- wir unsere Beziehung zu jedem Menschen, dem wir im Leben begegnen, als geistige und heilige Verbindung betrachten sollten;

- jeden Tag neue Mittel und Wege finden sollten, um unsere Mitmenschen wissen zu lassen, wie sehr wir sie lieben und schätzen;

- wir der Versuchung widerstehen sollten, unsere Liste der zu erledigenden Dinge als unseren "Gott" anzusehen;

- wir jede Lebenserfahrung als eine positive Lektion betrachten sollten, aus der wir etwas lernen können;

- wir mehr lachen und uns selbst nicht zu ernst nehmen sollten.

Möge der Kompass unseres Lebens
und das Ruder unseres Schiffes
Liebe und Vergebung sein.
Möge unsere Dankbarkeit zum Ausdruck kommen,
wenn wir gemeinsam in Liebe voranschreiten.
Mögen all unsere Gedanken,
Worte und Handlungen
Ehrlichkeit, Aufrichtigkeit und Integrität
zum Ausdruck bringen.
Und möge der Frieden
immerwährender Liebe
unser wahres Zuhause sein –
jetzt und für immerdar.

Anhang

Was ist "Attitudinal Healing"?

Attitudinal Healing beruht auf der Grundthese, dass Ärger oder Groll, den wir in uns spüren, nicht von äußeren Umständen oder Personen ausgelöst werden. Schmerz, Leid und Konflikte sind vielmehr das Ergebnis unserer Gedanken, Gefühle und Einstellungen zu Menschen und Situationen. *Attitudinal Healing* gestattet es uns, Ängste und negative schmerzhafte Gedanken aus der Vergangenheit loszulassen, unsere Fehlwahrnehmungen zu korrigieren und alle Hindernisse zu beseitigen, die unserem inneren Frieden im Weg stehen.

Es beginnt mit der Bereitschaft, die Welt, das Leben und den Tod aus einem anderen Blickwinkel zu betrachten, inneren Frieden zu unserem einzigen Lebensziel zu machen und der Vergebung höchste Priorität einzuräumen. Es geht darum, die negativen Auswirkungen zu erkennen, die durch Festhalten an Groll, Schuldzuweisungen und Selbstverurteilung herbeigeführt werden, so dass wir für uns entscheiden können, dass das Festhalten an diesen Einstellungen in Wirklichkeit nutzlos ist.

Eine der Hauptthesen des *Attitudinal Healing* ist: "Wenn wir uns von Angst freimachen, bleibt nur die Liebe übrig – und dies ist die einzige Antwort, die einzige Lösung für jedes Problem, dem wir im Leben begegnen." Es ist die bewusste Erkenntnis, dass unsere wahre Realität sich nie verändert und dass Liebe das Einzige ist, was wirklich existiert.

Im *Attitudinal Healing* verfolgt jede Form der Kommunikation den Zweck, Verbundenheit zum Ausdruck zu bringen. Freude und Glück sind Geisteszustände, für die wir uns bewusst entscheiden können. Nach den Prinzipien des *Attitudinal Healing* ist jeder Mensch liebenswert, und das Erlangen von Freude und Glück liegt in unserer eigenen Verantwortung. Glückseligkeit ist unser natürlicher Seinszustand.

Eine weitere Hauptthese des *Attitudinal Healing* ist, dass es unsere einzige Aufgabe ist, uns selbst und anderen zu vergeben. Statt Entscheidungen zu treffen, die von einer angstvollen Vergangenheit beeinflusst werden, können wir lernen, richtige Entscheidungen zu treffen, indem wir auf die innere Stimme der Liebe hören.

Die Grundsätze des Attitudinal Healing

(Quelle für die deutsche Übersetzung der Grundsätze: www.stiftung-attitudinal-healing.org)

1. Der Kern unseres Wesens ist Liebe.

2. Gesundheit bedeutet inneren Frieden. Heilen bedeutet, Angst loszulassen.

3. Geben und Empfangen sind gleichwertig.

4. Wir können die Vergangenheit und die Zukunft loslassen.

5. Jetzt ist die einzige Zeit, die es gibt, und jeder Augenblick ist da, um zu geben.

6. Wir können lernen, uns selbst und andere zu lieben, indem wir vergeben, statt zu urteilen.

7. Wir können unsere Aufmerksamkeit mehr auf Liebe als auf Fehler richten.

8. Wir können uns dafür entscheiden, innerlich in Frieden zu bleiben, unabhängig davon, was außen geschieht.

9. Wir sind Schüler und Lehrer füreinander.

10. Wir können unser Leben als Ganzes betrachten statt nur dessen Teile.

11. Da Liebe ewig ist, brauchen wir den Tod nicht zu fürchten.

12. Wir können uns selbst und andere immer als Menschen sehen, die entweder Liebe geben oder um Hilfe rufen.

Das *International Center for Attitudinal Healing* (ICAH) ist eine gemeinnützige kommunale Gesundheitseinrichtung, die im Jahre 1975 in Marin County, Kalifornien, von Dr. Jerry Jampolsky und mit ihm befreundeten Kollegen gegründet wurde, um emotionale und seelische Heilarbeit mit Kindern, Jugendlichen und Erwachsenen aller Altersstufen zu leisten, die mit vielfältigen Herausforderungen wie etwa täglichem Stress, einer Lebenskrise, chronischen oder lebensbedrohlichen Krankheiten umgehen müssen.

Dr. Jampolsky ist der Urheber des *Peer Support Group*-Modells (Selbsthilfegruppe mit gegenseitiger Unterstützung), das auf der These beruht, dass innerer Frieden und die Bewältigung persönlicher Lebenskrisen am besten erreicht werden können, wenn Individuen sich gegenseitig helfen. Alle Hilfsleistungen des Zentrums sind kostenlos; die Zentren finanzieren sich durch Spenden, und die Mitarbeit ist ehrenamtlich. Das ICAH unterhält Einrichtungen in achtundzwanzig Ländern und hilft Menschen mit chronischen oder lebensbedrohlichen Krankheiten wie etwa Krebs und HIV/AIDS als auch Menschen, die durch Trennung, Verluste oder Kriegserlebnisse traumatische Erfahrungen gemacht haben. Darüber hinaus bieten die Zentren auch Ausbildungs-programme für behördliche Einrichtungen, Rehabilitierungspro-gramme für Strafgefangene und ein Modellprojekt für Schulen mit dem Titel *The Power to Choose* (Die Macht der Entschei-dungsfreiheit) an, das Lehrer und Schüler aller Altersstufen in den Konzepten des *Attitudinal Healing* unterweist.

Seit mehr als dreißig Jahren leisten diese Zentren emotionale und seelische Heilarbeit in ihrer jeweiligen Gemeinde, und dank der anhaltenden Großzügigkeit und Unterstützung durch wohl-wollende Menschen werden sie imstande sein, auch künftigen Generationen diese dringend benötigten Dienste anzubieten.

Für weitere Informationen zum *International Center for Attitudinal Healing* in Sausalito, Kalifornien, zu Seminaren, Workshops oder anderen Zentren rund um die Welt besuchen Sie bitte unsere Website *www.attitudinalhealing.org* (auf der Sie auch die Adressen und Kontaktdaten aller anderen Zentren rund um die Welt finden).

Danksagung

Besonderer Dank gebührt unserer langjährigen Freundin Gayle Prather für die Aufbereitung und das Lektorat des Originalmanuskripts. Ebenso möchten wir uns bei allen Menschen bedanken, die uns zu den hier zusammengetragenen Geschichten inspiriert haben, sowie auch bei den Menschen, die uns auf den vom ICAH organisierten Reisen rund um die Welt begleitet haben. Sie alle waren wichtige Lehrer und Wegweiser auf der Reise zurück nach Hause.

Über die Autoren

Gerald Jampolsky studierte Medizin an der *Stanford University School of Medicine* und arbeitete als Psychiater für Kinder, Jugendliche und Erwachsene. Im Jahre 1975 gründete er das erste *International Center for Attitudinal Healing.* Heute existieren *Attitudinal Healing*-Zentren auf allen fünf Kontinenten, und sie bieten Kindern und Erwachsenen in Problem- oder Krisensituationen kostenlose psychologische, seelische, emotionale und spirituelle Unterstützung an, vor allem bei lebensbedrohlichen Krankheiten, Problemen mit Pflegekräften und Betreuungspersonen sowie bei Schwierigkeiten in Beziehungsangelegenheiten.

Diane V. Cirincione graduierte und promovierte in Philosophie und klinischer Psychologie und arbeitete als Therapeutin, Unternehmerin und Dozentin. Sie ist Autorin bzw. Mitautorin mehrerer Bücher, war Gründerin und Inhaberin von vier Unternehmen und arbeitet seit 1981 mit Gerald Jampolsky zusammen, um die Grundlagen des *Attitudinal Healing* über alle nationalen und kulturellen Grenzen hinweg einer breiten Öffentlichkeit bekanntzumachen.

Gerald und Diane sind verheiratet und wohnen auf Hawaii sowie in Nordkalifornien. Sie gehören beide dem Beirat des *International Center for Attitudinal Healing* an und sind auch an der *John A. Burns School of Medicine* der Universität von Hawaii in der Abteilung für Komplementär- und Alternativmedizin tätig. Sie haben sowohl jeder für sich als auch zusammen eine Reihe von Büchern herausgebracht, unter anderem *Lieben heißt die Angst verlieren*, *Die einfachen Wahrheiten des Lebens*, *Liebe ist die Antwort*, *Weckrufe*, *A Mini Course for Life* und viele weitere Bücher, die mittlerweile in mehr als dreißig Sprachen übersetzt wurden.

In den letzten fünfundzwanzig Jahren bereisten sie im Rahmen ihrer gemeinsamen Arbeit vierundfünfzig Länder, um die Grundlagen des *Attitudinal Healing* einer breiten Öffentlichkeit zugänglich zu machen. Für ihre Arbeit erhielten sie zahlreiche humanitäre Preise. Im Jahre 2005 erhielt Gerald eine der höchsten Auszeichnungen der *American Medical Association*, den *Excellence in Medicine-Pride in the Profession Award* für seine mit dem *Attitudinal Healing* geleisteten Beiträge im Bereich psychische Gesundheit, für seinen inspirierenden Einfluss auf andere und für seine jahrzehntelange Arbeit im Dienst am Mitmenschen.

64 Seiten, durchg. farbig
gebunden
ISBN 978-3-89845-024-9
€ [D] 9,90

Elisabeth Kübler-Ross

In Liebe leben

»In Liebe leben« ist die Essenz der Erfahrungen und Erkenntnisse der weltberühmten Ärztin und Sterbeforscherin Elisabeth Kübler-Ross. Durch ihr eigenes außerkörperliches Erlebnis und die Begleitung vieler Sterbender konnte sie Millionen Menschen die Angst vor dem Tod nehmen und die Bedeutung unseres Erdenlebens vermitteln.

Ein lichtvolles, liebevoll illustriertes Geschenkbüchlein, das uns daran erinnert, was das Wichtigste in unserem Erdendasein ist: »in Liebe leben«.

60 Seiten, gebunden,
mit zahlr. Farbfotos
ISBN 978-3-931652-72-2
€ [D] 14,90

Elisabeth Kübler-Ross

Warum wir hier sind

Antworten auf Fragen, die in ihren anderen Büchern noch nicht gestellt wurden und uns alle bewegen:

Warum sind wir Menschen hier? Warum müssen wir immer wieder inkarnieren? Warum vergessen wir eigentlich, woher wir gekommen sind?
Was sollen wir in dieser Erdenschule lernen? Was können wir aus einer Partnerschaft lernen? Wie kann man mit dem Jenseits in Kontakt kommen? Wie bereiten wir uns auf ein erneutes Erdenleben vor? Hat denn alles, was einem im Leben widerfährt, einen Sinn?

208 Seiten, broschiert
ISBN 978-3-89845-259-5
€ [D] 14,90

Richard Webster

Dein Seelenpartner wartet ...

Der Bestsellerautor Richard Webster hat entdeckt, dass – irgendwo – jeder Einzelne von uns einen Seelenpartner hat. Diesen zu finden, das ist kein hoffnungsloser Traum, sondern absolut machbar. Seelenpartner treten immer im richtigen Moment in Ihr Leben, meist zu einer Zeit, wenn wir bereit sind, sie zu treffen.
Lesen Sie dieses Buch, und Sie werden die Hintergründe von Inkarnation, Karma und Seele verstehen lernen und über zahlreiche Fälle von Seelenpartnern lesen können.
Praktische Meditationen und spezifische Übungen werden es Ihnen ferner erleichtern, sich selbst für die Liebe zu öffnen, um so Ihren Seelenpartner anzuziehen.

248 Seiten, broschiert
ISBN 978-3-89845-306-6
€ [D] 14,90

Richard Webster
Magische Liebessymbole
Düfte · Edelsteine · Blumen · Farben · Tarot

Magische Symbole der Liebe und Romantik sind Ausdruck von Gefühlen und Emotionen. Von Perlen bis Granatäpfel oder von Wodka bis Venus – dieses Buch führt Sie durch die Geschichte der Liebesikonografie und verrät, wie Sie mit der kraftvollen archetypischen Energie der Symbole Ihr Leben mit Romantik, Leidenschaft und dauerhafter Liebe bereichern können.
Einfache Anleitungen zeigen Ihnen, wie Sie Ihr Liebesleben mithilfe dieser Sinnbilder durch Meditation, Traumarbeit und Zauberei auf eine neue Ebene heben können.

232 Seiten, broschiert
ISBN 978-3-89845-303-5
€ [D] 16,90

Denise Linn
Soul Coaching –
Ihr persönliches Seelen-Programm

Wenn Sie tatsächlich imstande wären, eine Botschaft von Ihrer Seele zu vernehmen, was würde sie Ihnen mitteilen wollen?
Soul Coaching ist ein 28-Tage-Programm, das sich damit befasst, in verschiedenen Bereichen Ihres Lebens Ordnung zu schaffen und sich von mentalem, emotionalem und physischem Ballast zu befreien, um so die geheime spirituelle Botschaft der Seele zu vernehmen.
Es ist Ihr Buch, wenn Sie ein friedvolles, ausgeglichenes Leben ohne Hast und Hektik führen und sich selbst lieben sowie schätzen wollen, damit Sie die geheimen Botschaften Ihrer Seele hören können ...

232 Seiten, Klappenbroschur
ISBN 978-3-89845-288-5
€ [D] 14,90

Eileen Caddy & David Earl Platts
Die Tore zur Liebe öffnen
Ein Findhorn-Buch

Können wir lernen zu lieben? Oder müssen wir nur warten – und es geschieht von selbst?
Wir alle sind mit der Fähigkeit geboren, uns selbst und andere zu lieben. Schmerzvolle Erfahrungen haben jedoch dafür gesorgt, dass viele von uns innere Schutzwälle errichtet und Ängste, Überzeugungen und Verhaltensweisen entwickelt haben, um diese inneren Barrieren aufrechtzuerhalten. Die wichtigste Lektion im Leben ist es daher, wieder lieben zu lernen ...
Dieses Buch lädt Sie ein, die freie Entscheidung zu treffen, mehr Liebe in Ihr Leben zu bringen, und es hilft Ihnen, diese Entscheidung Schritt für Schritt klar und entschlossen umzusetzen.

208 Seiten, Klappenbroschur
ISBN 978-3-89845-280-9
€ [D] 11,90

Phil Daub
Interview mit Joe
Vertraue deiner inneren Stimme

Manch einer wird ihn seinen Engel, ein anderer seine Intuition nennen – Phil Daub selbst spricht schlicht von seiner inneren Stimme, Joe, mit dem er in diesem Buch einen teilweise tiefschürfenden, manchmal ernüchternden, aber immer aufschlussreichen sowie unterhaltsamen Dialog führt. Es geht um Themen wie Liebe und Angst, um Geld und inneren Reichtum oder um das Puzzle der Seele. Joe erklärt ihm die Welt, sagt ihm die Meinung und macht auch den ein oder anderen Scherz. Immer aber macht dieser lebendige Dialog Mut, der eigenen inneren Stimme zu vertrauen.

Phil Daubs Werk animiert dazu, mit seiner eigenen inneren Stimme in Kontakt zu treten!

160 Seiten, broschiert,
2-farbig
ISBN 978-3-89845-302-8
€ [D] 14,90

Petra Schmidt-Decker
52 Verträge mit mir selbst
Das Geheimnis der Gewinner

Jeder einzelne Vertrag des vorliegenden Werkes enthält Stoff für ein ganzes Buch. Da Zeit kostbar ist, hat Petra Schmidt-Decker 52 Themen in einem Buch untergebracht. Leicht verständlich, einfach umzusetzen.

52 VERTRÄGE MIT MIR SELBST wirken wie eine unerwartet positive Nachricht: Sie bekommen bereits beim Lesen gute Laune, werden zuversichtlich, strahlen aus, dass auch Sie das Gewinner-Gen in sich tragen. Dieses Buch zeigt Ihnen, wie Sie es aktivieren können.

Das lang gehütete Geheimnis, wie man Angst, Unsicherheit, Niedergeschlagenheit in Zuversicht, Optimismus, Lebensfreude, in Mut, Energie und Anerkennung umwandelt, wird hier zum ersten Mal gelüftet.

384 Seiten, Klappenbroschur,
durchg. farbig
ISBN 978-3-89845-300-4
€ [D] 16,90

Wayne W. Dyer
365 Quellen der Inspiration

Lebe deine Inspiration!
Wayne W. Dyer, der weltweit bekannte Lebensberater hilft Ihnen, Ihre Inspiration bewusst zu aktivieren, damit sie zu einer kraftvollen Energie in Ihrem Leben werden kann.

Die Botschaft dieses Buches ist klar: Inspiration ist für alle da. Sie ist nicht reserviert für Einzelne, sondern Ihr Geburtsrecht, man muss sie erfahren und erfühlen.

Jede Seite dieses wahrhaft inspirierenden Buches bringt Sie einen Schritt näher an ein Leben, in dem Tag für Tag mehr Wunder wahr werden ...

184 Seiten, Klappenbroschur
ISBN 978-3-89845-289-2
€ [D] 12,90

Franziska Krattinger
2012 – Seelenpower
Die Zeitenwende als Chance

Die Zeit scheint zu rasen, und jeder fühlt sich unter Druck gesetzt. Warum? – In der Zeit des Wandels erhöht sich die Energie deutlich, und so kommen die inneren Haltungen, Ängste und Denkweisen immer direkter zum Ausdruck.

Die unterschiedlichsten Zukunftsprognosen über das, was die Menschheit bis 2012 zu erwarten hat, erreichen uns zudem täglich. Sie können sich nun treiben lassen und alles für bare Münze nehmen, was Ihnen als »Wahrheit« präsentiert wird. Sie haben jedoch auch die Option, sich selbst einen Überblick zu verschaffen, um Ihre persönliche Wahrheit zu erkennen. Es lohnt sich!

128 Seiten, broschiert
ISBN 978-3-89845-251-9
€ [D] 6,95

Germanus Piegsda & Julia Michel-Piegsda
Einladung zum Glücklichsein
Das Wunder der Liebe

Ein Buch, in dem es um die großen Fragen geht, die sich jeder Mensch stellt: Es geht um Geist und Seele, um Gott, oder was man darunter verstehen mag, um die Macht der Gedanken und der Worte, um Reinkarnation und Genetik und vor allem und immer wieder um die Liebe ...

Die Autoren verstehen es, auf diese existenziellen Fragen Antworten zu geben.

Man wird einfühlsam an die Hand genommen, um schrittweise und didaktisch gekonnt durch ein Labyrinth an komplexen Themen geführt zu werden. Dieses sympathische Buch ist für Menschen gedacht, die positiv denken, handeln und lieben wollen ...

160 Seiten, broschiert
ISBN 978-3-89845-311-0
€ [D] 6,95

Heidi Schlosser
Der magische Trick zur Selbstentfaltung

Die Psychologen sind sich schon lange darüber einig, dass unsere Gedanken und Glaubenssätze unser Leben und unser Schicksal bestimmen. Wollen wir daher ein glückliches und zufriedenes Leben führen, dann müssen wir nur unsere negativen Gedanken auflösen. Doch wie gelingt das rasch und effektiv?

Der magische Trick zur Selbstentfaltung ist eine neue und verblüffend einfache Methode, negative Glaubenssätze nachhaltig zu verändern, um damit die Basis für eine positive Lebenseinstellung sowie für unser Glück zu schaffen. Mit diesem Buch lernt man, den Weg zur freien Selbstentfaltung zu gehen ...

Weiterführende Informationen zu
Büchern, Autoren und den Aktivitäten
des Silberschnur Verlages erhalten Sie unter:
www.silberschnur.de

Sie können uns alternativ
die beiliegende *Postkarte* zusenden.

Ihr Interesse wird belohnt!